一行禪師講《金剛經》

The Diamond That Cuts Through Illusi

佛陀留給我們最珍貴的禮物

一行禪師／著
觀行者／譯

目錄

第四部 山川是我們自己的身體 183

歡迎詞

一行禪師

兄弟姊妹們，請用一顆寧靜的心，沒有成見的心，來讀《金剛般若波羅蜜經》。

《金剛經》是禪修的基本經典。在夜深人靜時，獨自唸誦《金剛經》帶來喜悅。《金剛經》如此饒富深意且殊勝絕妙，自有其獨特用語。當初第一位讀到《金剛經》的西方學者認爲全是胡言亂語，不知所云。其文辭用語似乎神祕難解，但是當你深深看入時，你就能懂。

別急著去看論述部分，否則你可能被那些論述誤導。請先讀過《金剛經》本身，你有可能看到其他注釋者都沒看到的；你可以像唱頌般地閱讀，用你澄淨的身心和這些字句接觸。試著用你自己的經驗和自己的痛苦來瞭解《金剛經》，這麼問能幫助你：「佛陀的這些教導，和我的日常生活有甚麼關係嗎?」抽象的觀念可能很美妙，但如果與我們的日常生活無關，這些觀念又有甚麼用呢?所以，請這麼問：「這些字句和吃飯、喝茶、砍柴、或挑水有甚麼關係嗎?」

《金剛經》的全名是《金剛般若波羅蜜經》，梵文是「Vajracchedika Prajñaparamita」。

Vajracchedika 的意思是「切斷痛苦、無明、錯覺、迷幻的金剛鑽」。在中國和越南，人們強調「金剛鑽」這個字而稱它爲《金剛經》，事實上最重要的是「切斷」這個詞。Prajñaparamita 的意思是「智慧的圓滿」，「般若波羅蜜」或「帶我們度過苦海到達彼岸的智慧」。閱讀和修習《金剛經》能夠幫助我們，切斷無明和邪見並且超越它們，將我們度到解脫的彼岸。

金剛般若波羅蜜經

姚秦天竺三藏鳩摩羅什譯

如是我聞：一時，佛在舍衛國祇樹給孤獨園，與大比丘眾千二百五十人俱。爾時，世尊食時，著衣持鉢，入舍衛大城乞食。於其城中，次第乞已，還至本處。飯食訖，收衣鉢，洗足已，敷座而坐。

時，長老須菩提在大眾中即從座起，偏袒右肩，右膝著地，合掌恭敬而白佛言：「希有！世尊！如來善護念諸菩薩，善付囑諸菩薩。

世尊！善男子、善女人，發阿耨多羅三藐三菩提心，應云何住？云何降伏其心？」

佛言：「善哉，善哉！須菩提！如汝所說：『如來善護念諸菩薩，善付囑諸菩薩。』汝今諦聽，當為汝說。善男子、善女人，發阿耨多羅三藐三菩提心，應如是住，如是降伏其心。」

「唯然。世尊！願樂欲聞。」

佛告須菩提：「諸菩薩摩訶薩應如是降伏其心：『所有一切眾生之類，若卵生、若胎生、若濕生、若化生，若有色、若無色，若有想、若無想、若非有想非無想，我皆令入無餘涅槃而滅度之。』如是滅度無量無數無邊眾生，實無眾生得滅度者。何以故？須菩提！若菩薩有我相、人相、眾生相、壽者相，即非菩薩。

「復次，須菩提！菩薩於法，應無所住，行於布施，所謂不住色布施，不住聲香味觸法布施。須菩提！菩薩應如是布施，不住於相。何以故？若菩薩不住相布施，其福德不可思量。

「須菩提！於意云何？東方虛空可思量不？」

「不也，世尊！」

「須菩提！南西北方四維上下虛空可思量不？」

「不也，世尊！」

「須菩提！菩薩無住相布施，福德亦復如是不可思量。須菩提！菩薩但應如所教住。」

「須菩提！於意云何？可以身相見如來不？」

「不也，世尊！不可以身相得見如來。何以故？如來所說身相，即非身相。」

佛告須菩提：「凡所有相，皆是虛妄。若見諸相非相，則見如來。」

須菩提白佛言：「世尊！頗有眾生，得聞如是言說章句，生實信不？」

佛告須菩提：「莫作是說。如來滅後，後五百歲，有持戒修福者，於此章句能生信心，以此為實，當知是人不於一佛二佛三四五佛而種善根，已於無量千萬佛所種諸善根，聞是章句，乃至一念生淨信者，須菩提！如來悉知悉見，是諸眾生得如是無量福德。何以故？是諸眾生無復我相、人相、眾生相、壽者相。

「無法相，亦無非法相。何以故？是諸眾生若心取相，則為著我、人、眾生、壽者。

「若取法相，即著我、人、眾生、壽者。何以故？若取非法相，即著我、人、眾生、壽者，是故不應取法，不應取非法。以是義故，如來常說：『汝等比丘，知我說法，如筏喻者，法尚應捨，何況非法。』

「須菩提！於意云何？如來得阿耨多羅三藐三菩提耶？如來有所說法耶？」

須菩提言：「如我解佛所說義，無有定法名阿耨多羅三藐三菩提，亦無有定法，如來可說。何以故？如來所說法，皆不可取、不可說、非法、非非法。所以者何？一切賢聖，皆以無為法而有差別。」

「須菩提！於意云何？若人滿三千大千世界七寶以用布施，

是人所得福德，寧為多不？」

須菩提言：「甚多，世尊！何以故？是福德即非福德性，是故如來說福德多。」

「若復有人，於此經中受持，乃至四句偈等，為他人說，其福勝彼。何以故？須菩提！一切諸佛，及諸佛阿耨多羅三藐三菩提法，皆從此經出。須菩提！所謂佛法者，即非佛法。

「須菩提！於意云何？須陀洹能作是念：『我得須陀洹果。』不？」

須菩提言：「不也，世尊！何以故？須陀洹名為入流，而無所入，不入色、聲、香、味、觸、法，是名須陀洹。」

「須菩提！於意云何？斯陀含能作是念：『我得斯陀含果。』不？」

須菩提言：「不也，世尊！何以故？斯陀含名一往來，而實無往來，是名斯陀含。」

「須菩提！於意云何？阿那含能作是念：『我得阿那含果。』不？」

須菩提言：「不也，世尊！何以故？阿那含名為不來，而實無不來，是故名阿那含。」

「須菩提！於意云何？阿羅漢能作是念：『我得阿羅漢道。』不？」

須菩提言：「不也，世尊！何以故？實無有法名阿羅漢。世尊！若阿羅漢作是念：『我得阿羅漢道。』即為著我、人、眾生、壽者。世尊！佛說我得無諍三昧，人中最為第一，是第一離欲阿羅漢。我不作是念：『我是離欲阿羅漢。』世尊！我若作是念：『我得阿羅漢道。』世尊則不說須菩提是樂阿蘭那行者！以須菩提實無所行，而名須菩提是樂阿蘭那行。」

佛告須菩提：「於意云何？如來昔在然燈佛所，於法有所得不？」

「世尊！如來在然燈佛所，於法實無所得。」

「須菩提！於意云何？菩薩莊嚴佛土不？」

「不也，世尊！何以故？莊嚴佛土者，則非莊嚴，是名莊嚴。」

「是故須菩提，諸菩薩摩訶薩應如是生清淨心，不應住色生心，不應住聲、香、味、觸、法生心，應無所住而生其心。

「須菩提！譬如有人，身如須彌山王，於意云何？是身為大不？」

須菩提言：「甚大，世尊！何以故？佛說非身，是名大身。」

「須菩提！如恆河中所有沙數，如是沙等恆河，於意云何？是諸恆河沙寧為多不？」須菩提言：「甚多，世尊！但諸恆河尚多無數，何況其沙。」

「須菩提！我今實言告汝。若有善男子、善女人，以七寶滿爾所恆河沙數三千大千世界，以用布施，得福多不？」

須菩提言：「甚多，世尊！」

佛告須菩提：「若善男子、善女人，於此經中，乃至受持四句偈等，為他人說，而此福德勝前福德。

「復次，須菩提！隨說是經，乃至四句偈等，當知此處，一切世間天、人、阿修羅，皆應供養，如佛塔廟，何況有人盡能受持讀誦。須菩提！當知是人成就最上第一希有之法，若是經典所在之處，則為有佛，若尊重弟子。」

爾時，須菩提白佛言：「世尊！當何名此經？我等云何奉持？」

佛告須菩提：「是經名為《金剛般若波羅蜜》。以是名字，汝當奉持。所以者何？須菩提！佛說般若波羅蜜，則非般若波羅蜜。須菩提！於意云何？如來有所說法不？」

須菩提白佛言：「世尊！如來無所說。」

「須菩提！於意云何？三千大千世界所有微塵是為多不？」

須菩提言：「甚多，世尊！」

「須菩提！諸微塵，如來說非微塵，是名微塵。如來說世界，非世界，是名世界。

「須菩提！於意云何？可以三十二相見如來不？」

「不也，世尊！不可以三十二相得見如來。何以故？如來說三十二相，即是非相，是名三十二相。」

「須菩提！若有善男子、善女人，以恆河沙等身命布施；若復有人，於此經中，乃至受持四句偈等，為他人說，其福甚多。」

爾時，須菩提聞說是經，深解義趣，涕淚悲泣，而白佛言：

「希有，世尊！佛說如是甚深經典，我從昔來所得慧眼，未曾得聞如是之經。世尊！若復有人得聞是經，信心清淨，則生實相，當知是人，成就第一希有功德。世尊！是實相者，則是非相，是故如來說名實相。

世尊！我今得聞如是經典，信解受持不足為難，若當來世，後五百歲，其有眾生，得聞是經，信解受持，是人則為第一希有。何以故？此人無我相、人相、眾生相、壽者相。所以者何？我相即是非相，人相、眾生相、壽者相即是非相。何以故？離一切諸相，則名諸佛。」

佛告須菩提：「如是，如是！若復有人，得聞是經，不驚、不怖、不畏，當知是人甚為希有。何以故？須菩提！如來說第一波羅蜜，非第一波羅蜜，是名第一波羅蜜。

「須菩提！忍辱波羅蜜，如來說非忍辱波羅蜜。何以故？須菩提！如我昔為歌利王割截身體，我於爾時，無我相、無人相、無眾生相、無壽者相。何以故？我於往昔節節支解時，若有我相、人相、眾生相、壽者相，應生瞋恨。須菩提！又念過去於五百世作忍辱仙人，於爾所世，無我相、無人相、無眾生相、無壽者相。

「是故須菩提！菩薩應離一切相，發阿耨多羅三藐三菩提心，不應住色生心，不應住聲香味觸法生心，應生無所住心。若心有住，則為非住。是故佛說：『菩薩心不應住色布施。』須菩提！菩薩為利益一切眾生，應如是布施。

如來說：『一切諸相，即是非相。』又說：『一切眾生，則非眾生。』

「須菩提！如來是真語者、實語者、如語者、不誑語者、不異語者。

「須菩提！如來所得法，此法無實無虛。須菩提！若菩薩心住於法而行布施，如人入闇，則無所見；若菩薩心不住法而行布施，如人有目，日光明照，見種種色。

「須菩提！當來之世，若有善男子、善女人，能於此經受持讀誦，則為如來以佛智慧，悉知是人，悉見是人，皆得成就無量無邊功德。

「須菩提！若有善男子、善女人，初日分以恆河沙等身布施，中日分復以恆河沙等身布施，後日分亦以恆河沙等身布施，如是無量百千萬億劫以身布施；若復有人，聞此經典，信心不逆，其福勝彼，何況書寫、受持、讀誦、為人解說。

「須菩提！以要言之，是經有不可思議、不可稱量、無邊功德。如來為發大乘者說，為發最上乘者說。若有人能受持讀誦，廣為人說，如來悉知是人，悉見是人，皆得成就不可量、不可稱、無有邊、不可思議功德，如是人等，則為荷擔如來阿耨多羅三藐三菩提。

「何以故？須菩提！若樂小法者，著我見、人見、眾生見、壽者見，則於此經，不能聽受讀誦、為人解說。

「須菩提！在在處處，若有此經，一切世間天、人、阿修羅，所應供養；當知此處，則為是塔，皆應恭敬，作禮圍繞，以諸華香而散其處。

「復次，須菩提！善男子、善女人，受持讀誦此經，若為人輕賤，是人先世罪業，應墮惡道，以今世人輕賤故，先世罪業則為消滅，當得阿耨多羅三藐三菩提。

「須菩提！我念過去無量阿僧祇劫，於然燈佛前，得值八百四千萬億那由他諸佛，悉皆供養承事，無空過者；若復有人，於後末世，能受持讀誦此經，所得功德，於我所供養諸佛功德，百分不及一，千萬億分、乃至算數譬喻所不能及。

「須菩提！若善男子、善女人，於後末世，有受持讀誦此經，所得功德，我若具說者，或有人聞，心則狂亂，狐疑不信。須菩提！當知是經義不可思議，果報亦不可思議。」

爾時，須菩提白佛言：「世尊！善男子、善女人，發阿耨多羅三藐三菩提心，云何應住？云何降伏其心？」

佛告須菩提：「善男子、善女人，發阿耨多羅三藐三菩提者，當生如是心：『我應滅度一切眾生。滅度一切眾生已，而無有一眾生實滅度者。』何以故？須菩提！若菩薩有我相、人相、眾生相、壽者相，則非菩薩。所以者何？須菩提！實無有法發阿耨多羅三藐三菩提者。

「須菩提！於意云何？如來於然燈佛所，有法得阿耨多羅三藐三菩提不？」

「不也，世尊！如我解佛所說義，佛於然燈佛所，無有法得阿耨多羅三藐三菩提。」

佛言：「如是，如是！須菩提！實無有法如來得阿耨多羅三藐三菩提。須菩提！若有法如來得阿耨多羅三藐三菩提者，然燈佛則不與我受記：『汝於來世，當得作佛，號釋迦牟尼。』以實無有法得阿耨多羅三藐三菩提，是故然燈佛與我受記，作是言：『汝於來世，當得作佛，號釋迦牟尼。』何以故？如來者，即諸法如義。

「若有人言：『如來得阿耨多羅三藐三菩提。』須菩提！實無有法，佛得阿耨多羅三藐三菩提。須菩提！如來所得阿耨多羅三藐三菩提，於是中無實無虛。是故如來說：『一切法皆是佛法。』須菩提！所言一切法者，即非一切法，是故名一切法。

「須菩提！譬如人身長大。」

須菩提言：「世尊！如來說人身長大，則為非大身，是名大身。」

「須菩提！菩薩亦如是。若作是言：『我當滅度無量眾生。』則不名菩薩。何以故？須菩提！實無有法名為菩薩。是故佛說：『一切法無我、無人、無眾生、無壽者。』須菩提！若菩薩作是言：『我當莊嚴佛土。』是不名菩薩。何以故？如來說莊嚴佛土者，即非莊嚴，是名莊嚴。須菩提！若菩薩通達無我法者，如來說名真是菩薩。

「須菩提！於意云何？如來有肉眼不？」

「如是，世尊！如來有肉眼。」

「須菩提！於意云何？如來有天眼不？」
「如是，世尊！如來有天眼。」
「須菩提！於意云何？如來有慧眼不？」
「如是，世尊！如來有慧眼。」
「須菩提！於意云何？如來有法眼不？」
「如是，世尊！如來有法眼。」
「須菩提！於意云何？如來有佛眼不？」
「如是，世尊！如來有佛眼。」

「須菩提！於意云何？恆河中所有沙，佛說是沙不？」

「如是，世尊！如來說是沙。」

「須菩提！於意云何？如一恆河中所有沙，有如是等恆河，是諸恆河所有沙數佛世界，如是寧為多不？」

「甚多，世尊！」

佛告須菩提：「爾所國土中，所有眾生，若干種心，如來悉知。何以故？如來說諸心，皆為非心，是名為心。所以者何？須菩提！過去心不可得，現在心不可得，未來心不可得。

「須菩提！於意云何？若有人滿三千大千世界七寶以用布施，是人以是因緣，得福多不？」

「如是，世尊！此人以是因緣，得福甚多。」

「須菩提！若福德有實，如來不說得福德多；以福德無故，如來說得福德多。

「須菩提！於意云何？佛可以具足色身見不？」

「不也，世尊！如來不應以具足色身見。何以故？如來說具足色身，即非具足色身，是名具足色身。」

「須菩提！於意云何？如來可以具足諸相見不？」

「不也，世尊！如來不應以具足諸相見。何以故？如來說諸相具足，即非具足，是名諸相具足。」

「須菩提！汝勿謂如來作是念：『我當有所說法。』莫作是念，何以故？若人言：『如來有所說法。』即為謗佛，不能解我所說故。須菩提！說法者，無法可說，是名說法。」

爾時，慧命須菩提白佛言：「世尊！頗有眾生，於未來世，聞說是法，生信心不？」

佛言：「須菩提！彼非眾生，非不眾生。何以故？須菩提！眾生、眾生者，如來說非眾生，是名眾生。」

須菩提白佛言：「世尊！佛得阿耨多羅三藐三菩提，為無所得耶？」

「如是，如是！須菩提！我於阿耨多羅三藐三菩提乃至無有少法可得，是名阿耨多羅三藐三菩提。

「復次，須菩提！是法平等，無有高下，是名阿耨多羅三藐三菩提；以無我、無人、無眾生、無壽者，修一切善法，則得阿耨多羅三藐三菩提。須菩提！所言善法者，如來說非善法，是名善法。

「須菩提！若三千大千世界中所有諸須彌山王，如是等七寶聚，有人持用布施；若人以此般若波羅蜜經，乃至四句偈等，受持讀誦、為他人說，於前福德百分不及一，百千萬億分，乃至算數譬喻所不能及。

「須菩提！於意云何？汝等勿謂如來作是念：『我當度眾生。』須菩提！莫作是念。何以故？實無有眾生如來度者，若有眾生如來度者，如來則有我、人、眾生、壽者。須菩提！如來說：『有我者，則非有我，而凡夫之人以為有我。』須菩提！凡夫者，如來說則非凡夫。

「須菩提！於意云何？可以三十二相觀如來不？」

須菩提言：「如是，如是！以三十二相觀如來。」

佛言：「須菩提！若以三十二相觀如來者，轉輪聖王則是如來。」

須菩提白佛言：「世尊！如我解佛所說義，不應以三十二相觀如來。」

爾時，世尊而說偈言：「若以色見我，以音聲求我，

是人行邪道，不能見如來。」

「須菩提！汝若作是念：『如來不以具足相故，得阿耨多羅三藐三菩提。』須菩提！莫作是念。如來不以具足相故，得阿耨多羅三藐三菩提。須菩提！汝若作是念：『發阿耨多羅三藐三菩提者，說諸法斷滅相。』莫作是念。何以故？發阿耨多羅三藐三菩提心者，於法不說斷滅相。

「須菩提！若菩薩以滿恆河沙等世界七寶布施；若復有人知一切法無我，得成於忍，此菩薩勝前菩薩所得功德。須菩提！以諸菩薩不受福德故。」

須菩提白佛言：「世尊！云何菩薩不受福德？」

「須菩提！菩薩所作福德，不應貪著，是故說不受福德。

「須菩提！若有人言：『如來若來若去、若坐若臥。』是人不解我所說義。何以故？如來者，無所從來，亦無所去，故名如來。

「須菩提！若善男子、善女人，以三千大千世界碎為微塵，於意云何？是微塵眾寧為多不？」

「甚多，世尊！何以故？若是微塵眾實有者，佛則不說是微塵眾。所以者何？佛說微塵眾，則非微塵眾，是名微塵眾。

「世尊！如來所說三千大千世界，則非世界，是名世界。何以故？若世界實有者，則是一合相。如來說一合相，則非一合相，是名一合相。」

「須菩提！一合相者，則是不可說，但凡夫之人貪著其事。

「須菩提！若人言：『佛說我見、人見、眾生見、壽者見。』須菩提！於意云何？是人解我所說義不？」

「世尊！是人不解如來所說義。何以故？世尊說我見、人見、眾生見、壽者見，即非我見、人見、眾生見、壽者見，是名我見、人見、眾生見、壽者見。」

「須菩提！發阿耨多羅三藐三菩提心者，於一切法，應如是知，如是見，如是信解，不生法相。須菩提！所言法相者，如來說即非法相，是名法相。」

「須菩提！若有人以滿無量阿僧祇世界七寶持用布施，若有善男子、善女人，發菩薩心者，持於此經，乃至四句偈等，受持讀誦，為人演說，其福勝彼。

云何為人演說？不取於相，如如不動。何以故？

「一切有為法，如夢、幻、泡、影，

如露亦如電，應作如是觀。」

佛說是經已，長老須菩提及諸比丘、比丘尼、優婆塞、優婆夷，一切世間天、人、阿修羅，聞佛所說，皆大歡喜，信受奉行。

第一部

般若波羅蜜多辯證法

1

場　景

如是我聞：一時，佛在舍衛國祇樹給孤獨園，與大比丘眾千二百五十人俱。❶

第一句經文告訴我們，佛陀這個開示是對一二五〇位出家人說的。這裡沒有說：無以數計的菩薩們從他方世界來此聽聞佛陀開示。這一點顯示出《金剛般若波羅蜜經》是早期的般若經典之一。雖然佛陀在這部經中也提到了菩薩，但當時的聽眾幾乎全部是聲聞弟子，也就是他的聖弟子們。

爾時，世尊食時，著衣持缽，入舍衛大城乞食。於其城中，次第乞已，還至本處。飯食訖，收衣缽，洗足已，敷座而坐。

這是在祇樹給孤獨園〔祈園精舍〕❷的出家人，每一天都要重複做的事，在當時佛陀的所有寺院都一樣。佛陀教導他的男女出家弟子們，外出托缽時要挨家挨戶地沿門托缽，對富有和貧窮人家一視同仁。托缽是一種

中譯註：

❶本書內之《金剛般若波羅蜜經》經文取自 CBETA。
http://www.cbeta.org/result/normal/T08/0235_001.htm

❷〔 〕內之文字為譯者所加。

培養「無分別心」的方法，也得以藉此與各式各樣的人接觸，好引導他們修學佛陀的教法。即使知道某戶人家並不友善也不布施食物，出家人也不能跳過那家，必須在那家門前靜靜地站幾分鐘後，才能換到下一戶人家。

2

須菩提的問題

時，長老須菩提在大眾中，即從座起，偏袒右肩，右膝著地，合掌恭敬而白佛言：「希有！世尊！如來善護念諸菩薩，善付囑諸菩薩。」

須菩提這位學生，一開始先讚美他的老師，然後問了一個重要的問題。他說：佛陀這樣的人是稀有難得的，總是「善護念諸菩薩，善付囑諸菩薩」（對菩薩們全力護持並且特別有信心）。

菩薩們心懷悲憫，致力於去除自己和同伴們的痛苦。就像一個年輕人努力奮鬥求成功，好能照顧他還留在越南的父母弟妹們一樣。菩薩們修行也不是只爲自己，還爲了他們的家人、社群團體，以及整個社會。

在波爾多有位越南大學生，在桌上放著一個標語：「咬緊牙根，奮鬥成功」。四周到處都是誘惑和干擾，但大學生知道如果他被任何一個誘惑拉跑，他就辜負了父母的信任和期望。這份堅定決心，使他就像是位菩薩或修行路上的行者一樣。當我們遇見這樣的人時，心裡便會湧現悲憫心，想要幫助和扶持他。至於那些自私自利且忽視他人的人，扶持他們是白費心力。

在菩薩的心中，有股強大的力量叫做菩提心。因此，對於那些具有菩薩心，懷有偉大誓願及志向的人（大願心），佛陀會特別注意，並且給他們關懷和扶持。這並不是佛陀偏心歧視，而是因爲知道這個投資很值得。具有偉大志願的人能夠幫助許多人。

我總是投資在年輕人身上。並不是我歧視年紀大的人，而是因爲我的國家在飽受戰火蹂躪之後，年長者的心既受傷又困惑；此外，投資在年輕人身上也比較保險。現在的人心已經不如過去美好，總懷有很多猜忌、憤恨以及誤解；心裡長滿了雜草和荊棘。健康的種子若播種在這麼貧瘠的土地上，也許只有幾粒會發芽。但年輕人受戰爭的傷害較少，同樣的種子若播種在年輕人肥沃的心靈上，則大部分都會發芽。所以，這是個好投資。當然我們也應該扶持年長者，但受限於時間和精力，我們得優先把種子播在最肥沃的土地上。

在巴利經典中，有位在家人問佛陀，爲什麼他對出家人比對在家人更關懷和注意。佛陀回答，之所以如此是因爲出家人投入全部的時間和精力在修行上。他們的心靈土壤比較肥沃，所以佛陀花較多時間在那裡耕耘。

須菩提是位大長老，他注意到佛陀對菩薩們特別關注，因此便請問佛陀。佛陀確認，他的確是特別護持那些決意幫助一切眾生的人，也給菩薩們許多責任。

「世尊！善男子、善女人，發阿耨多羅三藐三菩提心，應云何住？云何降伏其心？」

佛言：「善哉，善哉！須菩提！如汝所說：『如來善護念諸菩薩。善付囑諸菩薩。』汝今諦聽，當為汝說。善男子、善女人，發阿耨多羅三藐三菩提心，應如是住，如是降伏其心。」

「唯然。世尊！願樂欲聞。」

「菩提」（bodhi）的意思是「覺醒」。「薩埵」（sattva）的意思是「生靈」（有情）。❶菩薩是一位自己覺醒了，並且幫助其他眾生也覺醒的有情。人類只是有情眾生的一種，其他有情眾生也有覺醒的潛力。當我們踏上覺醒之道時，我們下定決心修行。而若要生起菩薩心——也就是為了幫助眾生的最深智慧和最大能力，則我們的心應該皈依何處？我們要如何主宰自己的心思？《金剛經》就是對於這個問題的回答。

❶常譯為「有情」，複數則譯為「有情衆生」或「衆生」。

3

第一道閃電

佛告須菩提：「諸菩薩摩訶薩應如是降伏其心：『所有一切眾生之類，若卵生、若胎生、若濕生、若化生、若有色、若無色、若有想、若無想、若非有想非無想，我皆令入無餘涅槃而滅度之。』」

「摩訶」這個字的意思是「大」，所以「摩訶薩」（mahasattva）的意思是「偉大的生靈」（偉大的有情、大人）。在這裡，「滅度」的意思是達到涅槃，「寂滅」是一切苦因都已根除，並且我們完全自由的安樂狀態。摩訶薩們發願要解除一切眾生的痛苦，引領眾生到究竟涅槃，體證究竟的安詳喜樂。究竟涅槃又叫做「無餘涅槃」，這是相對於「有餘涅槃」

來說的。

有些論師〔經典的注釋者〕解釋「有餘涅槃」的意思是，五蘊〔色、受、想、行、識〕之身仍然存在。他們認爲，這個身體是我們過去世的痛苦所餘留的。因此說，這個五蘊之身在我們死後會完全解離，不留任何痕跡，而我們就進入了「無餘涅槃」。

我並不完全同意這種說法。的確，一旦我們止息並超越了痛苦之因，未來將不會再帶來新的痛苦之果。但已經存在很久的東西，即使被切斷了，仍然還有餘勢，會再繼續一段時間後才完全停止。就像電扇關掉時，雖然電流已經切斷了，但扇葉仍然會繼續轉動一陣子後才停。即使「因」已經去除了，但過去因所造成的「果」仍會持續一陣子。有餘的痛苦也是如此；止息的是創造新的痛苦之因，而不是五蘊之身。

有一天，提婆達多對佛陀丟了一塊石頭，砸傷了佛陀的腳。佛陀已不再造新業，但他體驗了這個過去業的果報，因爲此過去業仍然還有些力量沒有耗盡。但這並不表示佛陀在圓寂前尚未體證完全的寂滅。

大乘經典說，菩薩們騎乘在生死的浪頭上。「騎乘在生死之浪上」的意思是，雖然有生有死，但並不會被生死淹沒。悠遊於生死大海裡，菩薩們是在圓滿的涅槃中，意即沒有痛苦餘留的「無餘涅槃」，而非有痛苦餘留的「有餘涅槃」。雖然菩薩仍然有身體並悠遊於生死之中，但他們並不受苦。因此，「有餘涅槃」餘留的痛苦並非五蘊本身，而是過去業（行爲）殘餘的苦報。

『所有一切眾生之類，若卵生、若胎生、若濕生、若化生、若有色、若無色、若有想、若無想、若非有想非無想，我皆令入無餘涅槃而滅度之。』

世尊直接回答眞正的菩薩具有兩個要素：第一個是要帶領一切眾生到達解脫彼岸的偉大志願〔大願心〕；第二個是「無分別智」。本句話強調的是菩薩的大願，這是成爲菩薩的先決條件。菩薩是覺醒者，其生命功課就是致力於覺悟，並被稱爲「大人」，受到佛陀的特別關注和護持。這個誓願不但是菩薩的基本條件，也是主要的條件，是菩薩「阿耨多羅三藐三菩提心」的基礎。

當我們讀到這一段時，必須看看自己並捫心自問：「這個誓願和我的生命以及我所屬社群團體的生命，有任何關係嗎？我們修行，是爲了自己或是爲了他人？我們只是想要去除自己的痛苦而已，或是我們決意要解行兼修，好爲其他有情眾生帶來快樂？」

如果我們檢視自己，就會知道自己是否屬於佛陀開示、護持和付囑的菩薩們了。如果我們以這樣的心來研讀修行，不必多少年就會引起他人注意。人們會從我們對待貓、毛毛蟲或蝸牛的方式，立刻看出來我們是菩薩行者。

當我們洗碗時，會把剩餘的食物留下來餵鳥嗎？這樣的小動作顯示出我們對一切有情眾生的愛。菩薩摩訶薩的偉大心靈，能從他/她的日常生活裡看出來。當我們研讀大乘經典中菩薩的行爲時，也應該練習檢視自己喝茶、吃飯、洗碗、或整理花園的方式。如果我們這樣觀察自己，我們會看到自己是否具有菩薩的智慧，而我們的朋友們也會知道。

在這部經裡提到的有情眾生，並非只是遙遠的陌生人；那些和我們一同研讀修行佛法的師兄師姐們也是。他們也有快樂痛苦，而我們必須看見師兄姐並且對這些人敞開心懷。如果我們只是像座孤島，雖然居住於群體之中卻無視於他人或面無笑容，那我們就不是在修菩薩道。而除了我們的師兄姐之外，還有其他動物、花園裡的花草樹木和天上的星辰。這部經是對全體說的，也解釋這一切怎樣和我們的日常生活與修行相關。如果我們正念分明，我們就會看到。

「如是滅度無量無數無邊眾生，實無眾生得滅度者。」

這是第一道閃電。佛陀直指般若波羅蜜多的核心，說出了無相的道理。佛陀告訴我們，眞正的修行者是自然而然、自動自發地幫助一切有情眾生，並不分別是誰在幫助或誰受幫助。當我們的左手受傷時，我們的右手立刻就會照顧左手，不會停下來說：「我正在照顧你，你受惠於我的悲憫心。」右手很明白，左手也就是右手，兩者之間並無分別。這就是「互即互入」（interbeing）的道理——俱在（coexsistence），或彼此互相依存。「此有故彼有」。有了這樣的智慧（是右手以無相的方式在幫助左手），就不需要去分別右手和左手了。

對菩薩來說，「幫助」這件事是自然而然的，就像呼吸一樣。當兄弟受苦時，姊妹就提供關照和扶持。助人者不會想著：「必須幫助別人以修行佛法」，或者是「因爲老師說應該要幫助別人」才幫的；不需要有幫助的想法。我們覺得有需要做，我們就做，這很容易瞭解。如果我們以這種無相的精神來做，事後我們就不會說：「我兄弟生病時，我每天都照顧他。我替他煮湯，又替他做很多其它的事，但現在他卻一點都不感恩。」如果我們會那麼說，我們的行爲就不是以無相的精神來做的。依般若波羅蜜多的教導來說，那就不能稱做善行了。「無相」是具體的，我們能夠在此時此地就實踐它。

如果在團體中，當大家都在忙時，卻有人偷懶不做事，你可能會想：

「這人眞糟糕，我得辛苦工作，而他卻躲在房間裡聽音樂。」你愈是想到有人偷懶，你愈不舒服。在這種情況下，你的工作無法爲你自己或任何人帶來快樂。做事時，你應該要能樂在其中。爲什麼「有人開溜」對你的工作影響這麼大？如果你工作時，並不分別工作和不工作的人，那就眞是無相精神了。我們可以將般若波羅蜜多的修行應用在生活的每一面上。就像右手幫左手貼上膠布一樣，我們可以用同樣的方式洗碗、清洗浴室，不起分別。

佛陀說「如是滅度無量無數無邊眾生，實無眾生得滅度者。」這句話並不是空泛之言。佛陀是鼓勵我們要護持並且愛一切有情眾生。如果研究佛教的人能瞭解這句話，就太棒了。這個教導是如此的完美奧妙。

「何以故？須菩提！若菩薩有我相、人相、眾生相、壽者相，即非菩薩。」

要獲得「無分別智」❶，就必須去掉「我」、「人」、「眾生」、「壽者」（生命期）這四個觀念。「我」指的是一個恆常不變的身分認同，但依據佛法，沒有甚麼是恆常的。而我們通常所謂的「我」，完全是由「非

❶ Samjña 是梵文，意思是：想，觀念，想法，或概念。「想」由上下兩部分組成，上面是「相」，下面是「心」。我們心中有個相，我們執取那個相，並認為它就是那個東西的實相。「相」和「想」密切相關，因為「相」是「想」的對象（客體），而反過來說，「想」是「相」的主體；所以當我們的心執取一個「相」時，我們就有了「想」。「心的對象」梵文是 lakshana，而「心」是 citta。這兩個字組合起來，就有 samjña 這個字，觀念或想。

我」的因素所構成，眞實上並沒有「我」這種實體存在。當我們對事物有「非我」的概念時，就生起了「我」的概念。我們用概念化這把劍，把實相砍成碎片，然後把一部分叫做「我」，其它叫做「非我」。

「人」的概念，就如同「我」的概念一樣，完全是由「非人」的因素所構成，像是太陽、雲朵、麥子、空間等等。多虧這些因素，才有我們所謂的「人」。但若在「人」與「非人」的觀念間豎立起藩籬則是不對的。例如，假如我們說宇宙孕育了人類，而且其它動植物、月亮星辰等等都是爲了服務人類而存在，那我們就被「人」的觀念束縛住了。像這樣的概念被用來將「我」與「非我」、「人」與「非人」分隔開，它們都是錯誤的。

我們爲了讓人類生活過得更好，投入了大量精力發展科技，開發森林、河川、海洋這些非人類的因素以達目的。但是當我們污染並摧毀自然時，我們也污染摧毀了我們自己。分隔「人」與「非人」的結果，是全球暖化、環境污染、以及其它許多怪病的出現。我們要保護自己，就必須保護非人的因素。如果想要保護地球和我們自己，就需要有這個基本的理解。

「眾生」（梵文 sattva）這個概念，在我們將「眾生」與「非眾生」分隔開時立刻生起。爲了挑戰我們一般的理解，法國詩人拉瑪汀（Alphonse de Lamartine）曾問道：「無生物，你有靈魂嗎？」但是，正是我們所謂的「非眾生」讓「眾生」成爲可能，如果我們毀滅「非眾生」，我們也就毀滅了「眾生」。

在佛教寺院裡，「重新開始」這個儀式中，每位出家人無論男女都要複誦：「我發願全心全意修行，解脫一切眾生及非眾生。」在許多儀式中，我們深深敬禮以表達感恩之情，感恩我們的父母、師長、朋友，以及動植物和礦物中無以數計的眾生。這麼做讓我們明白，所謂的「眾生」與「非眾生」是沒有分別的。越南作曲家秦聰松（Trinh Cong Son）寫道：「我們怎知石頭不痛苦呢？明天卵石們將需要彼此。」當我們眞正瞭解愛時，我們的愛將包含一切，所謂「眾生」和「非眾生」都包含在內。

我們通常認爲「壽者」就是我們生命的長度，從出生那一刻開始到死亡時結束。我們相信自己在那段期間是活著的，之前或之後則沒有。而當我們活著時，我們認爲自己內在的一切都是活的，不是死的。再一次，概念化之劍將實相砍碎分成兩邊，一邊是生，另一邊是死。但是，認爲「我們的生命從出生開始，到死亡結束」，是一種錯誤的見解，叫做「壽者見」。

根據般若波羅蜜多，生死是一體的。在人生中，我們每一秒都在出生死亡。在所謂的一個生命期中，有數百萬次的生和死。身體裡的細胞每天都有新陳代謝——腦細胞、皮膚細胞、血液細胞，以及許多其它細胞。地球也是一個身體，而每一個人就是地球身體裡的細胞。每當我們身體裡死去一個細胞，或地球身體裡死去一個細胞時，我們都要哭泣並舉行喪禮嗎？死亡對生命而言是必要的。在《相應部》裡，佛陀說道：「因緣具足，眼就現；因緣不具足，眼就不現。身、意亦復如是。」我們鍾愛生命並緊緊執取，我們害怕死亡並想逃避躲藏。這麼做給我們帶來許多憂傷焦慮，全都是因爲我們的「壽者見」所致。

「想」的梵文是 samjña。根據佛教心理學唯識宗所說，「想」有兩個組成部分——認知的主體和客體。夜晚在森林裡行走，如果我們看到一條蛇，大概會很害怕。但是如果我們用手電筒一照，發現只不過是一條繩子，我們就會大大地鬆了口氣。看見蛇是一個錯誤的「想」，而佛陀教導我們，「我」、「人」、「眾生」、「壽者」這四種觀念，就是四種錯誤的「想」，是我們痛苦的根源。

我們都喜歡離開城市到鄉下去。樹林這麼漂亮，空氣這麼新鮮。對我來說，這是人生最大的享受之一。在鄉下，我喜歡在樹林裡漫步，仔細地觀賞樹木花草；而當我需要小便時，在露天下就可以這麼做。新鮮空氣比城市裡的任何廁所都要怡人，尤其是跟一些很臭的公廁比較。但我必須承認，對於在樹林裡小便，有好幾年我都覺得不自在。每當我走近一棵樹，對於它的美麗莊嚴總感到非常尊敬，以至於我無法在它面前小便。這樣好像不禮貌，甚至不敬。所以我就走到別地方去，但總是又有另一棵樹或灌木叢，在那裡我一樣覺得失禮。

我們通常認爲家裡的廁所是無生命的，因爲是木頭或是磁磚、水泥做的，在那裡小便毫無問題。但我讀了《金剛經》之後，我看木頭、磁磚、水泥也是不可思議且有生命的，我甚至連在自己的廁所裡都開始不自在了。然後，我有了一個領悟。我領悟到，小便也是一個不可思議而奇妙的眞實，是我們送給宇宙的禮物。我們只是必須正念分明地小便，對我們自己以及周圍的一切懷著深深的尊重。所以我現在可以在大自然裡小便了，對樹木、灌木叢、以及自己都完全地尊重。透過讀《金剛經》，我解決了兩難的問題，而且我現在比以前更加享受鄉村之樂。

4

最偉大的禮物

「復次，須菩提！菩薩於法，應無所住，行於布施。所謂不住色布施，不住聲香味觸法布施。」

爲什麼佛陀剛剛在說「四相」，現在卻說修布施呢？「無相」是般若波羅蜜多的修行，也叫做洞見或智慧波羅蜜，是「六波羅蜜」的最後一個。「六波羅蜜」是菩薩爲了到達彼岸所做的修行（亦即「六度」）。其它五個是布施、持戒、忍辱、精進以及禪定。

布施是第一個要修的，所以佛陀以它做爲其它五個的例子。佛陀在第十四段提到了忍辱，但沒提到其它三個。無論如何，這六個修行的本質都是般若波羅蜜多——智慧，否則就不是無上的布施。如果你不受四相束縛地修布施，那就是無上的布施。對於其它五個修行來說也一樣。我們修行六波羅蜜時，必須保持無分別的洞見。

即使你是第一次聽到這句話，我想你已從經文中瞭解它的意思了。爲了幫助他人從痛苦中出離而努力時，你是以「無相」的精神盡力對自己和他人不起分別。你的努力不是基於「我」、「人」、「眾生」或「壽者」的想法。這種精神可以顯現在布施的所有行爲上，以及持戒、忍辱、精進、禪定、或智慧的修行上。

有三種布施：財施、法施，以及無畏施。在《心經》裡，觀自在菩薩布施無畏給我們，讓我們沒有恐懼，有安全感。很多越南人在大海中航行時，只帶著一本《心經》。當我們專心一意地念誦這部般若經時，就變得無所畏懼。觀自在菩薩給我們的禮物，是最至高無上的布施。

當菩薩修行布施時，他或她總是以無畏的精神來做，不受四種錯誤的「想」所束縛。事實上，一旦我們不受四種錯誤觀念束縛時，我們就已經無所畏懼了。錯誤的「想」之所以生起，是由於我們對於「想」的本質的無明。我們看不見色、聲、香、味、觸、法的本質，因而被它們所束縛。反之，如果我們看見某人正餓著肚子就給他食物，不問任何其它問題或宣稱自己在修布施，那我們就眞的是有般若波羅蜜多的精神，不被錯誤的「想」所束縛。

我們很多人都想要幫助他人並修布施。但當我們受縛於四相時，布施所帶來的快樂並不大。我們依然憤怒、忌妒、憂傷，我們依然受苦，那是因爲我們仍然相信，有分別的我、人、眾生、壽者。如果我們按照《金剛經》的精神來修布施，以無分別的智慧作爲修行的動力，如此修行所帶來的快樂將是很大的。

人們通常認爲物質（色蘊）是穩定而眞實的，但佛陀和現代科學都說，物質完全是由空間造成。任何質量的物質，無論是岩石、鐵、或木頭，都是由無數的分子所構成，而分子又是由無數的原子和次原子粒子所組成；這些全部都是藉由電磁和核能的力量聚集在一起。原子是巨大的空間，其中有無數的小粒子（質子、電子、中子等），以極快的速度不停地運動著。當我們深入觀察物質時，會看見它就像是一個非常快速移動的蜂窩。電子以每秒三十萬公里的速度繞著核子轉。所以，我們對於物質的概念錯得多離譜啊！物理學家說，當他們進入原子粒子的世界時，可以清楚地看見，我們的概念世界是個幻夢。

佛陀用了泡泡的意象來闡明物質（色）裡有空間，而且佛陀說聲音、味道、滋味、可觸之物，和心理內涵〔聲、香、味、觸、法〕也都一樣。由於我們對這六種感官對象〔六塵〕的錯誤想法，遂發展出我、人、眾生、壽者的錯誤想法。因此，在修布施時，我們必須超越這些錯誤想法，不受其束縛，沒有任何執著。如果我們依賴那些易於崩解的東西，我們也會易於崩解。

舉例來說，禪修中心只是色相而已。日常生活裡，我們需要色相，但不需要執著於它們。我們可以在任何地方研讀和禪修。如果沒有梅村，我們可以到其它地方去。一旦我們看清這點，我們就變得安詳而無畏，也可以自在地使用六個感官對象。我們瞭解它們的本質，不會成為它們的奴隸。當它們聚集出現時，我們不會較具信心；當它們分解消散時，我們也不會較無信心。

認爲必須要有錢才能修布施是不對的。我們隨時可以與他人分享自己的安詳快樂。很多年輕人告訴我：「法師（Thây），我必須找個高薪的好工作，因爲我想助人。」他們爲了成爲醫生或工程師而讀書，花很多時間讀書，所以沒空修布施。然後，在他們成爲醫生或工程師之後變得更忙，還是沒空修布施，甚至沒空布施給自己。

「須菩提！菩薩應如是布施，不住於相。何以故？若菩薩不住相布施，其福德不可思量。須菩提！於意云何？東方虛空，可思量不？」

「不也，世尊！」

「須菩提！南西北方四維上下虛空，可思量不？」

「不也，世尊！」

「須菩提！菩薩無住相布施，福德亦復如是不可思量。須菩提！菩薩但應如所教住。」

修行不住相布施所獲得的福德（快樂）是無可限量的。我們常說，修行的成果就是安詳及解脫。如果我們在洗碗時卻一直想著：「其他人正在享受，甚麼事都不用做。」那麼我們就不可能享受洗碗。我們洗完後可能有幾個乾淨的碗，但我們的福德甚至不到一小茶匙。但是，如果我們以寧靜安詳的心洗碗，那麼福德將無可限量。這就已經是解脫了。經典中的話，和我們的日常生活是很密切相關的。

5

無　相

「須菩提！於意云何？可以身相見如來不？」

「不也，世尊！不可以身相得見如來。何以故？如來所說身相，即非身相。」

佛告須菩提：「凡所有相，皆是虛妄。若見諸相非相，則見如來。」

有可能以八十隨形好和三十二相來理解如來嗎？「想」以相爲對象，而我們的「想」通常是不正確的，有時甚至錯得離譜。我們的「想」是否正確，取決於我們的洞見。當我們具足洞見時，我們的理解就不再只是基於「想」，而是我們稱爲「般若」的智慧，超越相的智慧。

在這一段話裡，我們碰到了般若波羅蜜多辯證法。我們一般的認別作用〔想〕是依照「同一律」的，亦即「A是A」以及「A不是B」。但是在這一段話裡須菩提說：「A不是A」。《金剛經》繼續讀下去，我們會看到很多像這樣的句子。

當佛陀看見一朵玫瑰花時，他和我們一樣認出那是玫瑰花嗎？當然。但在他說這是玫瑰花之前，佛陀已經看到玫瑰花不是玫瑰花了。佛陀已經看到玫瑰花也由非玫瑰花的因素所構成，其間並無明顯的界線。當我們認別事物時，經常用概念之劍將實相砍成碎片，然後說：「這一片是A，是A就不能是B、C、或D。」但以緣起法來看A時，我們就會看見A是由B、C、D、以及宇宙間的所有其它事物所構成。A永遠不可能單獨存在。當我們深入觀察A時，我們也看到了B、C、D等。一旦我們瞭解了A不僅只是A，我們就瞭解了A的眞正本質，並且夠資格說「A是A」或「A不是A」。但在那之前，我們看到的A就僅只是眞正的A的幻象而已。

深入地看你所愛的人（或你根本不喜歡的某人），你將會看到她（或他）不僅只是她本身而已。「她」包括了她所受的教育、所在的社群、文化、遺傳、父母、以及造成她存在的一切事物。當我們看到這些時，我們就眞正瞭解了她。如果她讓我們不悅，我們可以看見她並非有意如此，而是不利的條件使她如此。爲了要保護及培養她內在的良好特質，我們需要知道如何保護及培養外在可以讓她有朝氣又可愛的因素，包括我們自己。如果我們既安詳又愉快，她也會既安詳又愉快。

如果我們深入地看A，並且看到A即非A，我們就看到完整圓滿的A了。那時候，愛成爲眞愛、布施成爲眞布施、持戒成爲眞持戒、而護持成爲眞護持。佛陀就是這樣看玫瑰花的，也因此佛陀不會執著於玫瑰花。當我們還受到相的束縛時，我們就還執著於玫瑰花。有位中國禪師曾說：「修禪之前，見山是山，見水是水。修禪之時，見山不是山，見水不是水。修禪之後，見山又是山，見水又是水。」這些都是般若波羅蜜多辯證法。

你們都知道，出家人和「相」的關係密切。他們的光頭、僧袍、行住坐臥的方式，都和其他人不同。而也由於這些相，我們能夠知道他們是出家人。但有些出家人只是爲了表面的相在修行，所以我們不能從相來做任何好壞的判斷。我們必須看穿表相才能接觸到實質。從三十二相或八十隨形好來指認佛陀是很危險的事，因為魔王和轉輪聖王都有同樣的相。佛陀說：「不可以身相得見如來。」他也說：「凡所有相，皆是虛妄。」亦即，只要有想，就有虛妄。想的本質就是相。我們的任務就是一直修行，直到相不再能欺騙我們，而我們的想也成為洞見及智慧。

「如來」是生命、智慧、愛、以及快樂的眞正本質。只有當我們能夠看見諸相的無相本質時，我們才有機會看見「如來」。當我們看著玫瑰花而不被它的相所束縛時，我們看到了「非玫瑰花」的本質，因此也開始在玫瑰花裡看到如來。如果我們以這種方式來看小石子、一棵樹、一個小孩，我們也就在其中看見了如來。如來的意思是「無所從來，亦無所去」，無來去相、無有無相、無生死相。

在繼續下去之前，請把經文的頭五個小節再讀一遍。必要的精華都已在此，而如果你讀了這幾個小節，你會開始明白《金剛般若波羅蜜經》的意思。一旦明白了，你可能覺得《金剛經》就像是一首美妙的樂曲，它的意思毫不費力地就進入了你心裡。

第二部

無住的語言

6

玫瑰花非玫瑰花

須菩提白佛言：「世尊！頗有眾生，得聞如是言說章句，生實信不？」

佛告須菩提：「莫作是說。如來滅後，後五百歲，有持戒修福者，於此章句，能生信心，以此為實，當知是人不於一佛二佛三四五佛而種善根，已於無量千萬佛所，種諸善根。」

須菩提十分瞭解佛陀剛剛所解釋的，但因爲這些教導和一般的認知抵觸，他擔心將來的人不瞭解。佛陀還在世時，要了解其教法或許不難，但五百年後佛陀已去世了，聽聞這些教法的人可能會有疑惑。所以佛陀向須菩提保證，未來還是會有人因持戒而得福德，而且這些人聽聞《金剛般若波羅蜜經》的教導時，也會和須菩提一樣地信受。事實上，佛陀般涅槃已超過兩千年了，還是有許多人持守戒律並接受這些教法。

在佛教裡，我們常說心就像是一塊園地，每當我們做了甚麼善事、好事時，就是在心園裡播下了一顆成佛種子。在這段話裡，佛陀說那些瞭解他教法的人，已經在無量千萬佛世中種下善種了。

「聞是章句，乃至一念生淨信者，須菩提！如來悉知悉見。是諸眾生，得如是無量福德。」

這句話裡有兩個很重要的字：「見」及「知」。如果有人對這些教法生出信心，即使僅只一秒，佛陀將會看見並知道這個人。在修行之道上，被佛陀看見並知道是極大的安慰鼓勵。如果我們有一位親近的朋友，能瞭解我們並知道我們的志願，我們會覺得很有支持感。好朋友其實不須多做甚麼。他（她）只需要看見我們，知道我們在此，我們就會覺得很受鼓舞。想想看，如果這個好朋友就是佛陀！

在多年前的某一天，我豁然明白了《金剛經》這句話。當時，我正在讀我一九六七年爲「社會服務青年學校」的師兄姐們所寫的一首詩。當你在閱讀或做甚麼事時，對於經典忽有所悟，眞是一大驚喜。我發現閱讀經典，就像是在我們的內在種下了一棵樹。當我們散步、看雲，或閱讀其它東西時，這棵樹正悄悄成長，而且可能向我們展露它自己。

6 玫瑰花非玫瑰花

一九六七年，越南的戰事變得非常恐怖，一切都被破壞摧毀。即使在槍林彈雨中，「社會服務青年學校」的許多青年社會工作者、比丘、比丘尼們，仍必須將村民撤離村莊。我當時已流亡在外，每隔一陣子就會接到消息：學校中的某位師兄或師姐在做此工作時被殺身亡了。共產黨及非共產黨雙方都不接受我們佛教徒的這種行動。共產黨認爲我們背後有「美國中情局」支持，而傾美國的一方則懷疑我們是共產黨。我們不能接受殺害，不管是哪一方所造成。我們只要和解。

某個晚上，有五位年輕的師兄被槍決，其中四位身亡了。這位生還者告訴眞空比丘尼，劊子手將他們帶到河邊，問他們是否「社會服務青年學校」的人，當他們回答「是」時，劊子手說：「我們很抱歉，但我們必須殺掉你們。」當我聽到這個消息時，我哭了。有位朋友問我：「你爲什麼要哭？你是爲愛而戰、非暴力之軍的指揮官。每個軍隊都難免會有折損。你並不是在傷人性命，你是在拯救性命。即使非暴力軍隊中的慈愛戰士，也難免傷亡。」

我告訴他：「我不是指揮官，我只是個人。這些年輕人響應我的號召而進入學校，而現在他們卻死了。我當然會哭。」

我爲這些學校裡的師兄師姐們寫了一首詩，要他們仔細用心地讀。在那首詩裡，我告訴他們，即使有人仇恨你、壓迫你、殺害你，或像踐踏野草昆蟲般地踐踏你的生命，也永遠不要以瞋恨心看待任何人。如果你遭受暴力而死，你必須修悲憫心，好原諒那些殺害你的人。那首詩的標題是「勸導」。我們唯一的敵人是貪愛、暴力，以及狂熱盲信。如果你體悟到了這樣的悲憫心而死，你就眞的是覺悟者的孩子。我的弟子一枝梅師姐

（Sister Nhat Chi Mai）爲了呼籲交戰雙方停火而自焚，在自焚前她對著錄音機讀頌了這首詩，並將錄音帶留給她的父母。

答應我，
今天就答應我，
現在就答應我，
在豔陽高照、
日正當中之時，
答應我：
即使他們，
以山一樣的仇恨及暴力將你打倒；

即使他們，將你像蟲蟻般地踩踏壓扁，
即使他們，將你全身肢解、開膛剖腹，
記住，兄弟們，
記住：
人並非我們的敵人。
值得你爲之而戰的，只有悲憫——所向無敵、無可限量、毫無條件的
悲憫心。
瞋恨永遠不能讓你面對人心裡的野獸。
有一天，當你以十足的勇氣、仁慈的眼光、
平靜自在地（即使沒有人看見），單獨面對這頭野獸時，
從你的笑容中

將會開出一朵花。
而那些愛你的人，
將會看著你，
穿越千千萬萬的生死世界。
再次獨自一人，
我將繼續低頭前行，
知道愛已成爲永恆。
在這漫長崎嶇的道路上，
日月將持續照耀，指引我方向。

即使你正遭受壓迫、羞辱、暴力而瀕臨死亡，如果你能寬恕地微笑，你就有偉大的力量。當我讀著這些詩句時，突然瞭解了《金剛經》：「你的勇氣十足，你平靜的眼中充滿了愛，即使無人知道你的微笑，在孤獨和劇痛中它盛開如花，在行經千千萬萬生死世界的旅途中，那些愛你的人仍將看見你。」如果你心懷悲憫地死去，你就是照亮我們道路的火炬。

「再次獨自一人，我將繼續低頭前行，好看見你，知道你，記得你。你的愛已成永恆。雖然道路漫長艱難，日月之光依然照亮我的腳步。」

如果人們之間的關係是成熟的，彼此總是能懷有悲憫和寬恕。在我們的人生中，需要其他人看見我們、認得我們、讓我們覺得受到支持。而我們更是多麼需要佛陀看見我們！在這條奉獻服務的道路上會有痛苦和孤獨的時刻，但當我們知道佛陀看見我們、知道我們時，就油然生出強大的精力及堅定的決心，繼續前行。

「何以故？是諸眾生，無復我相、人相、眾生相、壽者相。無法相，亦無非法相。何以故？是諸眾生，若心取相，則為著我、人、眾生、壽者。若取法相，即著我、人、眾生、壽者。何以故？若取非法相，即著我、人、眾生、壽者。」

「相」的意思是概念。當我們對某事物有概念時，它的意象就會在那個概念裡出現。舉例來說，當我們對桌子有概念時，就會看到桌子的意象，但必須記住，我們的概念並非那個事物本身。它只是我們的「想」，事實上它很可能和桌子相去甚遠。例如，白蟻可能把桌子想成一頓大餐；物理學家可能把桌子想成一堆快速運動的粒子。學佛之道上的我們，由於修學深入觀察，可能會少些錯誤見解，我們的「想」可能比較接近眞實並完整，但仍然是「想」。

在佛教裡，「法」通常定義爲：一種能保有其獨特性質，且與其它現象不同的現象。像是憤怒、悲傷、擔憂，及其它心理現象統稱爲「心法」。而椅子、桌子、房子、山巓、河流，及其它物理現象則稱爲「色法」。那些既不是心理，也不是物理現象的現象，像是得、非得、生、非生等，則稱爲「心不相應行法」（cittaviprayukta-samskara dharmas）。而不依賴任何因緣條件的現象，則稱爲「無爲法」（asamskrita dharmas）。

根據佛教「說一切有部」的說法，「空」是一種無爲法。「空」有無生無死的本質，而且不是由任何東西所形成的；但這只是他們用來說明所舉的例子而已。事實上，「空」是由時間和識所造成，因此並非眞的是無爲法。「說一切有部」也說「眞如」是無爲法，但如果我們深入觀察，就會發現「眞如」也不是無爲法。「眞如」這個概念存在，是因爲有「非眞如」這個概念。如果我們認爲「眞如」有別於所有其它的法，那麼我們「眞如」的概念是來自於「非眞如」的概念。有上就有下，有內就有外，有恆常就有無常。根據相對性，我們的觀點都是由它們的對立面定義出來的。

然而在般若波羅蜜多辯證法裡，我們必須說到對立面：「由於它並非是它，它眞的是它」。當我們深入觀察某一法，並看到所有不是那一法的東西時，我們就開始看見此一法了。因此，我們必須不被任何法的概念所困，甚至不被非法的概念所束縛。

我介紹了「非法」的概念，好幫助我們超越「法」的概念，但請不要被「非法」的概念所束縛了。當我們看到玫瑰花時，我們知道玫瑰花是一個「法」。爲了避免被「玫瑰花」的概念所束縛，我們必須記得，玫瑰花不能完全自己獨立地存在，它是由非玫瑰花的因素所造成。我們知道玫瑰花並非一個獨立的法，但當我們超脫了「玫瑰花能獨立存在」的概念時，有可能被「非玫瑰花」的概念所束縛。我們必須也超脫「非法」的概念。

在般若波羅蜜多辯證法裡，有三個階段：(1)玫瑰花(2)非玫瑰花，因此(3)它是玫瑰花。第三個玫瑰花和第一個很不一樣。般若波羅蜜多教法裡「空空」的概念，目的在於幫助我們解脫「空」的概念。在禪修之前，我們見山是山；開始禪修時，我們見山不再是山；禪修一陣子之後，我們見山又是山了。現在山很自由了。我們的心仍然與山在一起，但已不再被任何東西所束縛了。第三階段的山和第一階段的山不同，在第三階段，山自由自在地展露自己，我們稱之爲「妙有」，超越了有與非有。山以絕妙的

6 玫瑰花非玫瑰花

呈現存在，而不是幻象。

當佛陀看見玫瑰花時，看見的玫瑰花是個奇蹟。那是妙有的玫瑰花。你我所看見的玫瑰花可能是種存在，但仍然充滿了概念化。般若經典裡「空」的觀念很深奧；超越了有無、是非的虛妄世界。那叫做「眞空」。眞空非空，眞空妙有。當我們住於二元對立的世界時，我們就被它限制住了。

當我們說：「我的朋友去世了。」並且哭泣，我們是被來與去的世界所奴役。依賴條件（有爲）的世界充滿了錯誤見解。只有透過學習深入觀察事物的本質，我們才能開始從有及非有的概念中解脫，並且達到一個概念消失的世界，所謂「來」與「去」、「存在」與「非存在」、「生」與「死」、「一」與「多」、「上」與「下」等概念，全部消失了。

一旦我們自由了，這個世界仍然在我們四周及內在，但現在這是眞空的世界。「同一律」是樹梢，但「妙有」的世界則是樹根。「同一律」是「我」這個概念的基礎。因此，我們必須突破「法」及「非法」之網，並且超越「想」及「非想」。

「是故不應取法，不應取非法。以是義故，如來常說：『汝等比丘，知我說法，如筏喻者，法尚應捨，何況非法。』」

第一句的意思是，我們不應被「有」或「非有」所束縛，因爲兩者都是幻象。當我們不再執著於這些錯誤的觀念時，我們就來到了眞空的奇妙世界。

到此，《金剛經》重複了《蛇喻經》（*Alaggadupama Sutta*）所說的。佛陀在《蛇喻經》裡告訴我們，他的教法就像船筏一樣，當我們上岸時就要把船丟棄。「密義」這個字只有在梵文本裡才有，中文本沒有。當佛陀開示時，他的聽眾可能會執著於這些教法，即使這些教法已經不再適合或需要了。

聽聞佛陀的教法就像捕捉危險的蛇一樣。如果你不知道如何捉，你可能先捉住尾巴，而蛇可能回過頭來咬你。如果你知道如何捉蛇，你就會用一根雙叉棍讓它不動，然後從蛇頸抓起，它就無法咬你了。

佛陀的教法也一樣，你如果不善巧就可能受傷。你必須小心不被教法所束縛。空、無常、無我的觀念非常有用，但如果你沒有深入清楚地瞭解就使用它們，你可能會受苦並傷害到他人。

7

進入實相之海

「須菩提！於意云何？如來得阿耨多羅三藐三菩提耶？如來有所說法耶？」

須菩提言：「如我解佛所說義，無有定法名阿耨多羅三藐三菩提，亦無有定法，如來可說。何以故？如來所說法，皆不可取、不可說、非法、非非法。所以者何？一切賢聖，皆以無為法而有差別。」

佛陀要測試須菩提是否瞭解他所說的般若波羅蜜多辯證法。在回答「如來得阿耨多羅三藐三菩提耶？如來有所說法耶？」這個問題時，須菩提用般若波羅蜜多的語言展現了他的瞭解。他解釋如來的教法既不能執取，也不能說明。這是很有智慧的回答。

佛陀已經解釋過這些重點了，而現在須菩提用他自己的方式說：「無有定法名阿耨多羅三藐三菩提。」如果我們說有一法叫做阿耨多羅三藐三菩提〔無上正等正覺〕，就是用概念化的劍將實相砍下一片，並稱之爲阿耨多羅三藐三菩提。我們應該也要能夠看見非阿耨多羅三藐三菩提，就如同我們看見非玫瑰花的元素一樣。

當須菩提說「無有定法名阿耨多羅三藐三菩提」時，他的意思是，所謂的阿耨多羅三藐三菩提並不是獨立的存在。就如玫瑰花不能離開雲朵、太陽、土壤、雨水而存在一樣，佛陀的教法也不在日常生活之外。沒有法可被執取或說明，無論是阿耨多羅三藐三菩提、眞如、涅槃、如來、玫瑰花、吃飯、洗碗、須菩提、朋友、房子、馬、或佛陀的教法，都不可取不可說。

認爲事物可以個別獨立存在的想法，來自於以爲它們有始有終的想法。但要在任何事物上找到開始或結束是不可能的。當你看著你的知心好友時，你可能以爲你完全瞭解她，但那是很難的，因爲她是一條實相之流。每一刻，非她之法〔因素〕進入又流出她，你無法掌握她。透過觀察她的色、受、想、行、識，你可以看見她正坐在你身旁，但她同時又在其它地方。她正在現在、過去以及未來。你的朋友、如來、須菩提、玫瑰花都無法執取，因爲這些沒有開始也沒有終結。這些的存在與宇宙裡的一切法，深深地連結在一起。

當我們修禪時，可能要參公案「父母未生時的本來面目是甚麼？」我們無法理解或說明它，因爲那是超越形相的。我們只有概念，而無法透過

「想」來理解這些法。那就像嘗試用手抓住空氣一樣，空氣會溜掉。這就是須菩提說的：「如來所說法，皆不可取、不可說、非法、非非法。」把如來的教導稱爲「法」是不對的，因爲這麼做就把它放入一個盒子、一種模式裡，與其它事物區隔開來了。但說它不是法也不對，因爲這眞的是法，不是分別獨立的法，而是超越一切想的法。

然後須菩提說：「一切賢聖，皆以無為法而有差別。」「賢聖」是梵文 **aryapudgala** 的翻譯，**arya** 是崇高，**pudgala** 是人。**Aryapudgala** 就是指那些已證果的聖者：「入流者」（sotapattiphala），「一來者」（sakadagami-phala），「不還者」（anagami-phala），或解脫了貪愛及再生的「阿羅漢」（arhat）。無爲法是不受條件限制、非因緣和合而成的。無爲法超越一切概念。聖者是解脫的，他們和其他人不同，因爲聖者接觸到並體證了無爲法。他們已不受形相和概念的束縛。

這段經文顯示出，一切法都是無形相且超越概念知識的。當我們體證了一切法的眞如時，就從概念的牢籠裡解脫出來了。在日常生活裡，我們通常用概念知識來理解實相，但那是不可能成功的。禪修的目的就在於突破一切概念的限制及障礙，好讓我們得以在無邊無際的實相之海裡自在悠游。

8

無　住

「須菩提！於意云何？若人滿三千大千世界七寶，以用布施，是人所得福德，寧為多不？」須菩提言：「甚多，世尊！何以故？是福德即非福德性，是故如來說福德多。」

「三千大千世界」這個英文字 Chiliocosm 來自於兩個希臘字：chilioi 意思是「一千」，以及 kosmos 意思是「世界」。「三千大千世界」意思是無以數計的世界。佛陀問道：「若人滿三千大千世界七寶，以用布施，是人所得福德，寧為多不？」須菩提回答：「是」，然後繼續讓佛陀知道，他並未受語言所限制，且覺知到，並沒有一個獨立的法叫做「福德」或「快樂」。須菩提不再被字句綁住，因此可以無害地使用它們。但若我們看不到每個字句中隱含的「互即互入」，它們就可能變成某種執著或牢獄。我們必須以不被字句奴役的方式來使用字句。這就是佛陀給我們《金剛般若波羅蜜經》的原因。

佛陀說：「若復有人，於此經中受持，乃至四句偈等，為他人說，其福勝彼。」

這種善行所帶來的快樂，是無可限量的。那是至高、無爲（無條件）的解脫，不只是累積有爲（因緣和合）的福報而已。

「何以故？須菩提！一切諸佛，及諸佛阿耨多羅三藐三菩提法，皆從此經出。」

這個不同凡響的宣言指出，「般若」是一切諸佛及菩薩之母。

「須菩提！所謂佛法者，即非佛法。」

把佛法傳到西方的人，應該以這種精神來弘法。由於大多數的西方人還不認識佛教，如果教法太強調形相，佛教的本質並不太有機會在西方開花結果。如果你認爲佛法完全獨立於社會中的其它教法之外，那就大錯特錯了。當我旅行西方與人分享佛法時，我通常提醒大家，西方傳統文化中的精神價值，包括猶太教、伊斯蘭教、及基督教，和佛教的本質有共通之處。當你深入觀察你的文化和傳統時，你將發現許多美妙的精神價值。這些雖然不叫做佛法，但其內容眞的是佛法。

例如，耶穌在最後的晚餐時，拿起一塊麵包與學生們分享，並說：「朋友們，吃了這塊麵包，這是我的肉，供養你們。」當他倒酒時，他說：「這是我的血，供養你們，喝了吧。」許多年前，當我在巴黎遇到紅衣主教（Cardinal Danielou）時，我告訴他：「我認爲，耶穌基督在教導學生正念修行。」在我們的生活裡，一天中要吃喝許多次，但飲食時我們的心通常四處飄盪，而且我們眞正吃的是我們的擔憂、念頭、以及焦慮。正念分明地進食，是爲了觸及生活。耶穌以這種方式說話，好讓他的學生會「眞正地」吃麵包。最後的晚餐是一頓正念之宴。如果弟子們能在當下穿透分心雜念，全心全意地好好吃一片麵包，不就是佛法嗎？雖然並未使用「正念」或「禪修」這樣的字，但事實上，十三個人坐在一起正念分明地一起吃飯，的確是佛教的修行。越南國王陳南宋（King Tran Nhan Tong）有一次說，吃飯、喝水、上廁所都是佛法。佛法並不是和所謂的非佛法不同的東西。

《金剛經》並不難了解，雖然在你習慣之前，它的用語有點奇怪。經文好像也不斷重複，但如果你仔細閱讀，你會在每一句中有新發現。此外，《金剛經》幫我們在識田裡種下許多善根，每重複一個類似的思想時，良善的種子便種到我們的「藏識」裡。《金剛經》是佛陀在教導須菩提，如何使用「無住」的語言。隨著我們逐漸習慣這種語言，我們就能發展自身最深的智慧。

第三部

答案就在問題中

9

住於安詳

「須菩提！於意云何？須陀洹能作是念：『我得須陀洹果。』不？」

須菩提言：「不也，世尊！何以故？須陀洹名為入流，而無所入，不入色、聲、香、味、觸、法，是名須陀洹。」

根據傳統佛教，「須陀洹果」（Stream-Entry 入流）是修行道上四個果位的第一個。當你成爲「須陀洹」（Stream-Enterer）時，你進入了覺悟心之流，就一直流向解脫的大海。這個心續之流是獨立於其它法而存在的法嗎？須菩提的回答使用了般若波羅蜜多辯證法的語言。

「須菩提！於意云何？斯陀含能作是念：『我得斯陀含果。』不？」

須菩提言：「不也，世尊！何以故？斯陀含名一往來，而實無往來，是名斯陀含。」

法的本質無來也無去；虛空中沒有一個來處，也沒有一個去處。它們只是在因緣成熟〔條件具足〕時顯現而已；當條件尚不具足時，它們是潛伏著的。人也一樣。根據傳統定義，「一來者」〔斯陀含〕是那些死後只再投生一次，就能證得阿羅漢果的人，而阿羅漢就不再有生死了。但事實上，我們不是從哪裡來，也不是往哪裡去。因此，我們稱這樣的人爲「一來者」。

「須菩提！於意云何？阿那含能作是念：『我得阿那含果。』不？」

須菩提言：「不也，世尊！何以故？阿那含名為不來，而實無不來，是故名阿那含。」

那些體證了「阿那含果」〔不還果〕的人，不再回到這個世間。據說他們會去到另一個世界修行，直到證得阿羅漢果。再一次，須菩提用般若波羅蜜多辯證法的語言回答。他說「還」這個想法已經是虛妄了，更別說是「不還」的想法了。

「須菩提！於意云何？阿羅漢能作是念：『我得阿羅漢道。』不？」

須菩提言：「不也，世尊！何以故？實無有法，名阿羅漢。世尊！若阿羅漢作是念：『我得阿羅漢道。』即為著我、人、眾生、壽者。世尊！佛說我得無諍三昧，人中最為第一，是第一離欲阿羅漢。我不作是念：『我是離欲阿羅漢。』世尊！我若作是念：『我得阿羅漢道。』世尊則不說：『須菩提是樂阿蘭那行者。』以須菩提實無所行，而名須菩提是樂阿蘭那行。」

阿蘭若的意思是「無諍」。須菩提在佛陀僧團裡，以喜歡安住於阿蘭若行而知名。他不想和任何人比較。他是位阿羅漢，已經超越了所有痛苦和貪愛的人。因爲須菩提並沒有被「他已獲得阿羅漢果」的想法所束縛，所以是位眞正的阿羅漢。在梅村，我們吃素，但沒想著我們是素食者。這是無爲或無相的本質。因爲須菩提修行無爲，世尊稱讚他眞是「樂阿蘭若行者」。

10

開創無相淨土

佛告須菩提：「於意云何？如來昔在然燈佛所，於法有所得不？」

「世尊！如來在然燈佛所，於法實無所得。」

「須菩提！於意云何？菩薩莊嚴佛土不？」

「不也，世尊！何以故？莊嚴佛土者，則非莊嚴，是名莊嚴。」

所有的佛和菩薩在證得覺悟時，都為那些在解脫之道上想與佛、菩薩一起修行的人，開創了一個新世界。每一位佛都開創一塊淨土做為修行中心。淨土是一塊清新美麗之地，在那裡每個人都是快樂安詳的。開創淨土稱爲「莊嚴佛土」。老師和學生們一起努力，讓這塊土地成爲美麗、舒服、清新之地，好讓許多人可以去到那裡居住及修行。佛、菩薩們覺悟及安詳的力量有多大，這塊淨土就有多舒服。

阿彌陀佛在西方有極樂淨土。阿閦佛（不動佛）有佛土名爲妙喜國。在修行一段時間之後，如果你有些許成就和安詳，你可以發願與他人分享並建立一個小的修行團體。但這都要以無相的精神來做，不要被你建立的修行中心所綑綁住了。「**莊嚴佛土者，即非莊嚴，是名莊嚴。**」意思是以無相的精神來做。不要讓你的佛土吞噬了你，否則你會受苦；也不要讓你自己在建立修行中心的過程中精疲力盡。

佛陀說：「是故須菩提，諸菩薩摩訶薩，應如是生清淨心，不應住色生心，不應住聲、香、味、觸、法生心，應無所住而生其心。」

「無所住」的意思是不執著任何東西。「生心」的意思是生起獲得最高覺悟的希求。住於色、聲、香、味、觸、法的意思是，被想、念頭、概念所束縛。在本經的第二段裡，須菩提問佛陀的第一個問題是：「善男子、善女人，發阿耨多羅三藐三菩提心，應云何住？云何降伏其心？」這一段就是佛陀的回答。

「須菩提！譬如有人，身如須彌山王，於意云何？是身為大不？」
須菩提言：「甚大，世尊！何以故？佛說非身，是名大身。」

「身」這個字翻譯自梵文 atmabhava，而不是 kaya。須彌山是眾山之王。在這一段裡，老師和學生都仍然使用般若波羅蜜多辯證法的語言。當佛陀問道：「是身為大不？」須菩提回答：「甚大。」因爲他清楚瞭解佛陀的語言。他知道，佛陀說「大」是因爲他已經不受大小的概念所束縛了。如果我們知道佛陀使用字句的方式，我們就不會被他的任何話語所束縛。老師很重要，修行中心的管理者很重要，但如果這個「重要」的觀念，變成教法和修行的障礙，那就失去意義了。

11

恆河沙

「須菩提！如恆河中所有沙數，如是沙等恆河，於意云何？是諸恆河沙，寧為多不？」

須菩提言：「甚多，世尊！但諸恆河尚多無數，何況其沙。」

「須菩提！我今實言告汝，若有善男子、善女人，以七寶滿爾所恆河沙數三千大千世界，以用布施，得福多不？」

須菩提言：「甚多，世尊！」

佛告須菩提：「若善男子、善女人，於此經中，乃至受持四句偈等，為他人說，而此福德，勝前福德。」

11 恆河沙

「恆河沙數」指的是無以計數的數量。如果有人用如恆河沙數一樣多的珍寶，來塡滿三千大千世界做爲布施，所帶來的福德遠不如接受、修行、解釋《金剛經》所帶來的福德。研讀和修行《金剛般若波羅蜜經》所帶來的福德極大，大到讓它成爲供養的對象，這在下一段可以看到。

12

處處皆聖地

「復次，須菩提！隨說是經，乃至四句偈等，當知此處，一切世間天、人、阿修羅，皆應供養，如佛塔廟，何況有人盡能受持讀誦。須菩提！當知是人，成就最上第一希有之法。若是經典所在之處，則為有佛，若尊重弟子。」

在任何地方，只要宣說這本經，甚至只是四句偈，那裡就是神聖之地，值得天、人、阿修羅來供養，就如同佛陀的舍利塔一樣神聖珍貴。如果那個地方是神聖的，那麼修行讀誦的人又更是多麼神聖！因爲這表示此經已貫穿透入這個人的血肉、心靈及生命了。這個人現在也值得天、人、阿修羅供養了。

一九六三年在西貢，釋廣度（Thich Quang Duc）菩薩以自焚來喚醒越南獨裁者的心。當詩人魏宏沖（Vu Hoang Chuong）觀想釋廣度坐著自焚的地方時，他知道這個地方是塊聖地。他說：「你坐過的地方，已成爲永恆的地標，你的悲憫，從不可見的心裡散發光芒。」魏宏沖可能沒讀過《金剛經》，但得到了同樣的洞見。當有人用他的身體來拯救他的同胞時，這份悲憫能夠將他坐過之處轉化爲神聖之地。即使那裡並沒有雕像或紀念塔，仍然是一塊眞正的聖地，應該被當作供養處。

13

金剛般若波羅蜜

爾時，須菩提白佛言：「世尊！當何名此經？我等云何奉持？」

佛告須菩提：「是經名為《金剛般若波羅蜜》，以是名字，汝當奉持。所以者何？須菩提！佛說般若波羅蜜，則非般若波羅蜜。須菩提！於意云何？如來有所說法不？」

須菩提白佛言：「世尊！如來無所說。」

「須菩提！於意云何？三千大千世界所有微塵，是為多不？」

須菩提言：「甚多，世尊！」

「須菩提！諸微塵如來說非微塵，是名微塵。如來說世界非世界，是名世界。須菩提！於意云何？可以三十二相見如來不？」

「不也，世尊！不可以三十二相得見如來。何以故？如來說三十二相，即是非相，是名三十二相。」

「須菩提！若有善男子、善女人，以恆河沙等身命布施；若復有人，於此經中，乃至受持四句偈等，為他人說，其福甚多。」

須菩提詢問這部經應該叫做甚麼名字，以及我們應該如何修習此經的教導；佛陀回答，應該叫做《金剛般若波羅蜜經》。金剛鑽能夠切斷所有的無明及煩惱。佛陀也說我們應該有智慧地修習，亦即我們應該深入觀察，讓自己體悟到即使「般若波羅蜜多」也不是一個獨立存在的法，佛陀的教法並沒有個別獨立的本質。這也是為何須菩提說：「如來無所說。」的原因。

如果有人把三千大千世界碾碎成微塵，這些微塵將會很多很多。如果我們想避免被概念所束縛，我們就應該以般若波羅蜜多之眼深入觀察「很多」和「大千世界」的概念。至於「微塵」和「三十二相」的概念也一樣。我們雖然使用了這些詞，但應該不被它們束縛。如果有人接受、修習、並解釋這些教法，甚至只是四句偈而已，如此所帶來的福德將比其它善行所帶來的福德多得多。因爲如其所教地修習不執著，能夠讓我們從邪見中完全解脫出來，這樣修行所帶來的福德，是任何其它福德都遠遠比不上的。

基於我、人、眾生及壽者見的善行能夠帶來一些福德，與眞正解脫之福德相比，還是微不足道的。當一個人從邪見完全解脫時，他（她）的行爲將會爲世界帶來極大福祉。所以，修行《金剛般若波羅蜜經》是一切有意義行爲的基礎。

14

住於無住

爾時，須菩提聞說是經，深解義趣，涕淚悲泣，而白佛言：「希有，世尊！佛說如是甚深經典，我從昔來所得慧眼，未曾得聞如是之經。世尊！若復有人得聞是經，信心清淨，則生實相，當知是人，成就第一希有功德。世尊！是實相者，則是非相，是故如來說名實相。世尊！我今得聞如是經典，信解受持不足為難。若當來世，後五百歲，其有眾生，得聞是經，信解受持，是人則為第一希有。何以故？此人無我相、人相、眾生相、壽者相。所以者何？我相即是非相，人相、眾生相、壽者相，即是非相。何以故？離一切諸相，則名諸佛。」

當須菩提聽到這裡並且深入瞭解《金剛經》的意義時，他感動得哭了。當我們聽到很奧妙的事，或看到很美麗的景色時，也可能會喜極而泣。然後須菩提說：「我從昔來所得慧眼，未曾得聞如是之經。」這裡說到的慧眼還不是最深、瞭解一切的佛眼。它們只是阿羅漢之眼。這表示須菩提在聽聞《金剛經》到這裡時，已經開始比較深入地看事情了。

如果有人聽聞此經，對此具有信心並且洞見到眞理，這個人將會擁有純淨、清晰且穩定、毫無疑問的信心。《金剛般若波羅蜜經》是在佛陀進入涅槃後五百年問世的。這部經因爲與一般的認知相反，而難以瞭解。因此，無論任何時代，任何能夠瞭解《金剛經》的人，都應知道他（她）是很稀有難得的人。

須菩提繼續說：「我相即是非相，人相、眾生相、壽者相，即是非相。何以故？離一切諸相，則名諸佛。」雖然英文字 views（見解）本身就是 ideas（觀念）或 perception（想），但是 view 要比 idea 更接近中文的「相」。任何「想」都有兩個部分：一個能知的主體（觀見者）以及所知的客體（所觀見的）。我見、人見、眾生見、壽者見都是「想」的對象。它們既非個別獨立存在亦非恆常永久。就和其它任何事物一樣，它們也具有「互即互入」的本質。最後一句話是句有力的宣言：「離一切諸相，則名諸佛。」

佛告須菩提：「如是，如是！若復有人，得聞是經，不驚、不怖、不畏，當知是人甚為希有。何以故？須菩提！如來說第一波羅蜜，非第一波羅蜜，是名第一波羅蜜。須菩提！忍辱波羅蜜，如來說非忍辱波羅蜜。何以故？須菩提！如我昔為歌利王割截身體，我於爾時，無我相、無人相、無眾生相、無壽者相。何以故？我於往昔節節支解時，若有我相、人相、眾生相、壽者相，應生瞋恨。」

佛陀用六度裡的忍辱波羅蜜爲例，說明甚深智慧的精神。根據般若經典（Prajñaparamita 又名「諸佛之母」），般若波羅蜜是包含了一切波羅蜜的陶罐。如果陶土尚未燒妥，則裡面裝的液體就會逐漸流失。這就是爲何說般若波羅蜜是最基本的。佛陀能夠修行忍辱波羅蜜，是因爲他已獲得般若波羅蜜。

數千世以前，當時是菩薩的佛陀被歌利王割截身體，但他能夠不瞋怒，因爲他已有般若波羅蜜，不被「相」所束縛。他已經不受我、人、眾生、壽者的觀念所束縛。如果菩薩當時仍被「相」所束縛，就會對國王生起惡意，而不能成功忍辱了。我們可以看到所謂的忍辱波羅蜜，事實上不只是忍辱波羅蜜而已，同時也是布施波羅蜜、持戒，以及一切非忍辱波羅蜜的其它東西。就如玫瑰花不只是玫瑰花，忍辱波羅蜜也無法離開其它五個波羅蜜而個別獨立存在。以這樣的瞭解，我們能稱它爲忍辱波羅蜜。當我們開始瞭解佛陀的理路時，我們就能瞭解爲何他要談忍辱波羅蜜來教導般若波羅蜜了。

14 住於無住

「須菩提！又念過去於五百世作忍辱仙人，於爾所世，無我相、無人相、無眾生相、無壽者相。是故須菩提！菩薩應離一切相，發阿耨多羅三藐三菩提心，不應住色生心，不應住聲香味觸法生心，應生無所住心。」

還執著某件事物的心，就不安住寂靜。這就是爲何佛陀說，菩薩不應住相布施（執著形相地修布施）。爲了眞正利益眾生，菩薩不執著任何事物地修行布施。在這一段裡，佛陀再一次重複他在此經中說過多次的話：無所住（執著）的心不被色、聲、香、味、觸、法所束縛。當我們皈依不斷變化的東西時，我們是永遠不會有安詳的。我們需要安住於穩定的東西。所有我們六根的對象〔六塵〕都是有爲法，受制於因緣條件並且不斷變化著。如果我們依住於此，將不會有安穩。

當今全世界有許多單親父母獨自養育他們的小孩。這很困難，他們中有許多人都不安詳。他們努力擺脫需要另一半的想法，好完全靠自己。過去他們也許曾依靠過不穩定的人，而關係破裂了。但我知道，他們中有許多人，仍希望找到另一個人來依賴。

有很多穩定的東西我們可以依賴，例如：地球、空氣、佛、法、僧。皈依安穩的對象總是比較好的。否則，如果我們皈依的對象改變了或崩解了，我們也就崩潰了。而住於無住，是最安穩的。

在越南禪師梵行（Van Hanh）去世之前，他問弟子：「學生們，你們住於何處？我住於非住非無住。」住於任何東西之上的心，究竟上是無法有安詳的。這就是爲什麼佛陀經常告訴菩薩們，要不住於相修布施。因爲菩薩們眞正希望利益眾生，所以是以這樣的精神來修布施。

如來說：「一切諸相，即是非相。」又說：「一切眾生，則非眾生。」

「須菩提！如來是真語者、實語者、如語者、不誑語者、不異語者。須菩提！如來所得法，此法無實無虛。須菩提！若菩薩心住於法而行布施，如人入暗，則無所見；若菩薩心不住法而行布施，如人有目，日光明照，見種種色。須菩提！當來之世，若有善男子、善女人，能於此經受持讀誦，則為如來以佛智慧，悉知是人，悉見是人，皆得成就無量無邊功德。」

佛陀說他所體證的眞理，並非我們通常所想的那樣。它是中道，超越了「實」和「虛」的觀念。我們應該要以前面所教的船筏比喻來瞭解這個道理。筏是幫助我們渡過河流到彼岸的，是很棒、甚至是必要的工具；但我們應該有智慧地使用它。我們不應執著於筏，或過了河之後仍然揹著筏。教法是要幫助我們的，而不是要我們去擁有的。它或許無意欺騙我們，但我們可能因爲自己對法的執著，而被它欺騙了。指向月亮的手，並不是月亮。我們需要這手指好看見月亮。手指並未欺騙我們，但如果我們執著於手指，我們就可能錯過了月亮，並覺得被手指欺騙了。

14 住於無住

只要我們仍被觀念和相所束縛，我們就被此所蒙蔽。當我們在黑暗中行走時，是無法如實看見實相的。但當我們解脫了相的概念（色、聲、香、味、觸、法）時，我們就像視力絕佳的人，走在正午的陽光下。我們能夠直接看見「妙有」（絕妙實相）的世界，那裡一切事物都呈現出它們眞實的本質。

15

大志願

「須菩提！若有善男子、善女人，初日分以恆河沙等身布施，中日分復以恆河沙等身布施，後日分亦以恆河沙等身布施，如是無量百千萬億劫，以身布施；若復有人，聞此經典，信心不逆，其福勝彼，何況書寫、受持、讀誦、為人解說。須菩提！以要言之，是經有不可思議、不可稱量、無邊功德。如來為發大乘者說，為發最上乘者說。若有人能受持讀誦，廣為人說，如來悉知是人，悉見是人，皆成就不可量、不可稱、無有邊、不可思議功德，如是人等，則為荷擔如來阿耨多羅三藐三菩提。何以故？須菩提！若樂小法者，著我見、人見、眾生見、壽者見，則於此經，不能聽受讀誦、為人解說。須菩提！

在在處處，若有此經，一切世間天、人、阿修羅，所應供養；當知此處，則為是塔，皆應恭敬，作禮圍繞，以諸華香而散其處。」

請注意第一段結尾處「書寫」這個詞。有五百多年，經典是以口傳弘揚的，要一直到西元一世紀才寫在貝葉上。也就是大約在那段時期，或許早個二、三十年，出現了《金剛般若波羅蜜經》。

在這一段裡，佛陀提到了「小法」。這些「小法」是佛陀眞實的教法，但不是佛陀最奧妙的教法。我們可以把佛陀的教法看成一間房子，有一間外廳以及許多內室。如果我們停留在外廳，就可能只是享有桌椅，和其它一些小小的舒適而已。

我們來親近佛陀，可能是想要解除最深刻幽微的痛苦；但如果我們只滿足於待在那間外廳裡，我們就只能獲得最小的解脫。當我們覺得夠平靜時，我們可以開門進入佛陀房屋的內室。在這些內室裡，我們將發現許多珍寶。做爲佛陀的繼承者，我們應努力承接其最珍貴的禮物。這些禮物能夠給我們力量和堅定志願，去幫助許多其它人。這些禮物就叫做「大法」。大法是菩薩的心。這裡所謂的「小法」則是給聲聞弟子，而非菩薩的教法。

16

後末世

「復次，須菩提！善男子、善女人，受持讀誦此經，若為人輕賤，是人先世罪業，應墮惡道，以今世人輕賤故，先世罪業則為消滅，當得阿耨多羅三藐三菩提。須菩提！我念過去無量阿僧祇劫，於然燈佛前，得值八百四千萬億那由他諸佛，悉皆供養承事，無空過者；若復有人，於後末世，能受持讀誦此經，所得功德，於我所供養諸佛功德，百分不及一，千萬億分、乃至算數譬喻所不能及。」

「輕賤」是梵文 parimuta 的翻譯。這一段給我們的印象是，即使是在

16 後末世

《金剛經》被寫出來的當時，已受人譴責，可能是一些批判這些教法「非佛說」的人。那些持誦這部經的人大概也被詆毀，所以在此經中就說，如果有任何人對這些教法有信心，他們受持讀誦此經將會生出無量無邊的功德與快樂，這些人過去的惡行將被消滅，包括那些會讓他們墮入三惡道（地獄、惡鬼、畜牲）的惡業，而這些人將會證得阿耨多羅三藐三菩提。

現今，大乘佛教已成為一個傳承，而譴責這些教法的人也相對較少了。但在這類經出現後的那段期間，研讀、持誦、修行、抄寫及傳播這些經典的人，可能變成被攻擊的對象。所以佛陀舉了一個例子，在燃燈佛之前，佛陀已曾經供養承事了八千四百萬億那由它諸佛，但這些善行所得的功德，遠低於生於後末世，而仍受持讀誦此經所得的功德。「後末世」的意思是，佛陀最深的教法已不再有機會傳播的時代。

「須菩提！若善男子、善女人，於後末世，有受持讀誦此經，所得功德，我若具說者，或有人聞，心則狂亂，狐疑不信。須菩提！當知是經義不可思議，果報亦不可思議。」

在《增一阿含經》（*Ekottara Agama*）裡，佛陀列舉出四件不可思議的事：(1)佛陀的功德，(2)禪定的境界，(3)業與果報的見解，(4)世界的起點❶。若有人這麼想：「我已經完全透徹地解釋此經了。」那麼他就還未眞正瞭解此經。受持讀誦《金剛般若波羅蜜經》將會帶來足以改變世界的安詳、喜悅，及行動。它所帶來的功德是不可思議的（超越一切概念及議論）。即使只是洗碗，在洗碗時修行此經所體驗到的安詳、喜悅是無法形容的，那是超越概念和議論的。而如此洗碗所生的功德，也是無量無邊的。

❶《增一阿含經》：「世不可思議，衆生不可思議，龍不可思議，佛土境界不可思議。」（大正新脩大藏經 第二冊 No. 125CBETA 電子佛典 V1.63 普及版）與此處之內容稍有不同。
http://www.cbeta.org/result/normal/T02/0125_018.htm

17

答案就在問題裡

爾時，須菩提白佛言：「世尊！善男子、善女人，發阿耨多羅三藐三菩提心，云何應住？云何降伏其心？」

佛告須菩提：「善男子、善女人，發阿耨多羅三藐三菩提者，當生如是心：『我應滅度一切眾生。滅度一切眾生已，而無有一眾生實滅度者。』何以故？若菩薩有我相、人相、眾生相、壽者相，則非菩薩。所以者何？須菩提！實無有法發阿耨多羅三藐三菩提者。須菩提！於意云何？如來於然燈佛所，有法得阿耨多羅三藐三菩提不？」

「不也，世尊！如我解佛所說義，佛於然燈佛所，無有法得阿耨多羅三藐三菩提。」

佛言：「如是，如是！須菩提！實無有法如來得阿耨多羅三藐三菩提。須菩提！若有法如來得阿耨多羅三藐三菩提，然燈佛則不與我授記：『汝於來世，當得作佛，號釋迦牟尼。』以實無有法得阿耨多羅三藐三菩提，是故然燈佛與我授記，作是言：『汝於來世，當得作佛，號釋迦牟尼。』何以故？如來者，即諸法如義。若有人言：『如來得阿耨多羅三藐三菩提。』須菩提！實無有法，佛得阿耨多羅三藐三菩提。須菩提！如來所得阿耨多羅三藐三菩提，於是中無實無虛。是故如來說：『一切法皆是佛法。』須菩提！所言一切法者，即非一切法，是故名一切法。」

佛陀在這裡重複了此經開頭的話，爲當時播下的種子澆水灌溉。這段話裡的有些東西已經清楚了，但某些東西仍然需要複習。

「如來」的意思是「眞如」，心的一切對象，一切法的「眞如」。諸法（心的一切對象）都有其外在的表象叫做「幻相」。當我們執著於這個幻化的外相時，就會造成「顚倒妄想」。生與死，高與低，多與一的概念都是錯誤的。如果我們能破除一切顚倒妄想，直接穿透洞見到一切法的眞實本質，我們就會接觸到「眞如」。接觸到一切法的眞如，則見如來。如來就是一切法的眞如。

「若有人言：『如來得阿耨多羅三藐三菩提。』須菩提！實無有法，佛得阿耨多羅三藐三菩提。」當我們認爲，現在有了甚麼過去所沒有的東西時，我們就被「有」和「沒有」的概念束縛了，仍然沒有見到

「眞如」。透過我們顚倒妄想的稜鏡，我們看到了「眾生」和「非眾生」，「失」與「得」，「成就」與「非成就」，卻無法看見一切法的「眞如」眞實本質。

「須菩提！如來所得阿耨多羅三藐三菩提，於是中無實無虛。」我們可能認爲「生與死」，「一與多」，「得與失」都是錯的，而「眞如」是眞的。但「眞如」是不受眞假、實虛的概念所束縛的。如果我們說，心的其它對象（法）是虛假的，而「眞如」是非虛假的，那也是錯的。

就如一切概念一樣，虛假和非虛假都是妄想，和「眞如」毫無關係。這就是爲何如來說：「一切法皆是佛法。」就如越南陳仁宗王禪師所說：「飮食如廁，莫非佛法」。因爲「佛法」是由「非佛法」的因素所構成；離開「非佛法」就找不到「佛法」。這在《寶積經》裡解釋得很清楚。

將佛教傳到西方的人應該好好瞭解這點。他們應該要能進入西方文化的世界裡，並把眾多西方文化瑰寶看作佛法的因素。吸毒、醉酒、邪淫毀了許多年輕人的生命，但我們能夠深入去觀察，看進它們的眞正本質裡，我們可以把這些轉化成佛法。當我們直接觀察痛苦時，我們將會找到答案。有位哲學家曾說，眞正的問題已經包含了答案。當老師給你一個好的數學題時，答案已經在裡面了。

當我們問：「甚麼生出了宇宙？」時，是不可能有答案的，因爲我們沒問對問題。這個問題基於一個假設，亦即宇宙是從單一原因而生，但是沒有任何現象是從單一原因而生的。每件事物都是由無以數計的因而生。在一朵花裡面，有土壤、雲朵、堆肥、意識、雨水、及太陽。因爲「甚麼生出了宇宙？」不是一個眞正的問題，所以裡面就找不到答案。如果能夠把吸毒、醉酒，及邪淫者所受的苦，正確地形成爲一個問題，就會在裡面找到答案。當有眞正的問題時，佛法就已經在其中了。發問的藝術非常重要。

如果在西方教導佛法的人記住「一切法都是佛法」，他們就不會覺得自己像是一杯水裡的油滴了。如果西方人把佛教的異國表徵帶到西方社會裡，並認爲只有這種形式的佛教才是眞的佛教，那麼油滴永遠也不會融入於水。只有以你們自己的體驗，以及自己的文化素材爲基礎，佛教才能在此生長茁壯。如果你們完全按照在越南、西藏、泰國、緬甸、斯里蘭卡、日本，或韓國修行的方式來修行，那麼油滴和水將永遠格格不入。做爲西方佛教徒，請用你們自己文化裡的多種元素來編織佛法的錦繡。

雖然此經這部分聽來和前面相似，但當我們仔細閱讀時，會發現很多新元素。「一切法皆是佛法。」是一個短句子，但它揭示了佛陀最深的教法。

「須菩提！譬如人身長大。」

須菩提言：「世尊！如來說人身長大，則為非大身，是名大身。」

「須菩提！菩薩亦如是。若作是言：『我當滅度無量眾生。』則不名菩薩。何以故？須菩提！實無有法名為菩薩。是故佛說：『一切法無我、無人、無眾生、無壽者。』須菩提！若菩

17 答案就在問題裡

薩作是言：『我當莊嚴佛土。』是不名菩薩。何以故？如來說：『莊嚴佛土者，即非莊嚴，是名莊嚴。』須菩提！若菩薩通達無我法者，如來說名，真是菩薩。」

佛陀說一切法都是概念，即使是所謂「菩薩」的法也是。當我們使用般若波羅蜜多辯證法的語言時，我們正依據「無我」和「無法」的原理修行。所有的佛教傳承都談到「無我」。說一切有部這麼說：「雖然自我不存在，但法確實存在（我無法有）。」心的這些對象（法）的存在，帶來自我存在的印象。大乘佛教開啓了另一扇門，宣稱即使我們稱爲法的所謂「心的對象」，本質也是無我的。「無我」的教導不只適用於「人」或所謂的「眾生」，也適用於諸如「桌子」或「房子」等其它東西。「我」

和「法」只是概念而已，它們就像是遊戲一樣。我們應該以「深入觀察事物，並且不讓心捲入字句、推理、或思考的把戲裡」，來作爲禪修練習的開始。

「空」不只是人及其他所謂眾生的本質，也是我們稱爲法、事物、或無生物的本質。眞正的菩薩並不會在「有機」或「非有機」，「我」或「非我」、「眾生」或「非眾生」，以及「菩薩」或「非菩薩」之間起分別見。

第四部

山川是我們自己的身體

18

實相是一條持續流動的河

「須菩提！於意云何？如來有肉眼不？」

「肉眼」就是我們都具有的，能夠看見花朵、藍天，以及白雲的眼睛。佛陀這位覺悟者也有這樣的肉眼嗎？

「如是，世尊！如來有肉眼。」

「須菩提！於意云何？如來有天眼不？」

「天眼」就是天人們具有的眼睛，無論很近或很遠都能看見，在黑暗中或隔著障礙物也都能看見。

「如是，世尊！如來有天眼。」

「須菩提！於意云何？如來有慧眼不？」

「慧眼」就是能看見眾生「無我」的眞正本質，以及一切法的無常本質。這是聲聞及獨覺（辟支佛）的眼睛。

「如是，世尊！如來有慧眼。」

「須菩提！於意云何？如來有法眼不？」

「法眼」（般若波羅蜜之眼）是菩薩的眼睛，能夠看見「一切法空」的眞實本質，能看見覺悟心及大願心的本質。具有法眼的菩薩，看見他（她）和一切眾生的本質是相同的空性，因此他（她）自己的解脫和眾生的解脫是一體的。

「如是，世尊！如來有法眼。」

「須菩提！於意云何？如來有佛眼不？」

「如是，世尊！如來有佛眼。」

「佛眼」能夠清楚看見過去、現在、未來，以及過去、現在、未來一切眾生的心。這五個問答說明了：佛陀不只有佛眼，也有菩薩、天人、人類及一切眾生的眼。佛陀也有肉眼這個事實，給我們一種愉悅感，讓我們覺得離佛陀比較近些。這意味著，佛陀所成就的，我們也有能力去成就。

「須菩提！於意云何？如恆河中所有沙，佛說是沙不？」

「如是，世尊！如來說是沙。」

「須菩提！於意云何？如一恆河中所有沙，有如是沙等恆河，是諸恆河所有沙數佛世界，如是寧為多不？」

「甚多，世尊！」

佛告須菩提：「爾所國土中，所有眾生，若干種心，如來悉知。何以故？如來說諸心，皆為非心，是名為心。」

佛陀從這裡開始談到心了。這個教法在《寶積經》裡說的比較周詳，尤其是在〈識現行〉這一品。這部經是在西元二至三世紀時問世的，也談到了肉眼、天眼、慧眼、法眼、以及佛眼（五眼）。

《金剛經》這一段簡單解釋，「佛眼」是能夠看見一切眾生心的眼睛。佛陀具有非常奧妙的智慧，能夠洞見到一切眾生的心。佛陀說：如果有像恆河沙的數量一樣多的恆河，並且如果有像所有那些恆河沙加起來一樣多的世界，所有這些世界裡一切眾生的心，他都能知道。這個意思是說，佛陀對於心有深奧微妙的瞭解。這裡所說的心，包括了現代心理學所瞭解的心，以及一切心理現象的根源和本質——那是不受心理現象的生滅所制約的。

現代心理學只研究了表層的心理現象。在佛教裡，心的研究始於根源，所以佛陀能看見種種心的現象層面，以及它們的眞實本質。如來瞭解這些不同的心，因爲事實上這些所謂的種種心不只是種種心而已。

「所以者何？須菩提！過去心不可得，現在心不可得，未來心不可得。」

如果我們持續追逐各種不同的心理現象，想要瞭解把握它們，又怎能對心有眞正的瞭解呢？這就是爲什麼現代心理學這麼難以眞正瞭解心的原因。在佛教修行裡，透過直接體驗，修行者得以接觸到眞心。心理實驗、研究、理論，以及各種心理現象的比較，並不能眞正瞭解心，因爲「過去心不可得，現在心不可得，未來心不可得」。任何心一生起，立刻就消逝了。

在《金剛經》裡，我們學到了如何看待字句和概念。字句是用來命名及說明概念的，但一旦我們如實看見事物時，我們就瞭解字句和概念並非事物本身。字句和概念是死板僵硬的，但實相是一條持續流動的河。要把活生生的實相納入死板僵硬的框架中是不可能的。當我們試圖描述某件事物時，應該一直記住這一點。在我們的字句概念和它所描述的東西之間，永遠都有些距離。

18 實相是一條持續流動的河

中國有個著名的故事：有位和尚要去參訪龍潭崇信禪師。到了山腳下，他住進一家客棧過夜，這客棧是一位老婦人經營的。這位和尚抵達時，手拿著一本《金剛經》，而這老婦人對這部經很熟悉，便注意到了。過了一夜之後，和尚跟老婦人說：「老闆娘早。可以給我一些點心嗎？」老婦人回問道：「你要點的是哪一種心？過去心？現在心？或是未來心？」

這和尚答不出話來。心懷羞愧的他，放棄去參訪禪師的計畫而打道回府了。他覺得自己連一位年老客棧老闆的問題都無法回答，又怎能面對一位眞正的禪師呢？

如果她拿同樣的問題問我，我可能會這樣回答：「我不需要過去心、現在心、或未來心。我肚子餓，只想要吃點心。」我說的時候還可能摸著我空空的肚子。「過去心不可得，現在心不可得，未來心不可得。」的觀念非常好，但仍然只是個觀念。我們需要吃飯，這是活生生的事實。當你肚子餓時，你需要的是點心。何必被一位多話的客棧老闆震撼呢？

19

大福德

「須菩提！於意云何？若有人滿三千大千世界七寶，以用布施，是人以是因緣，得福多不？」

「如是，世尊！此人以是因緣，得福甚多。」

「須菩提！若福德有實，如來不說得福德多；以福德無故，如來說得福德多。」

這是要確認，只要你不被字句和概念所束縛，就有可能用字句和概念達到眞正的溝通。要避免被字句概念束縛的辦法就是，要在一切事物中看到「互即互入」的本質。

20

三十二相

「須菩提！於意云何？佛可以具足色身見不？」

「不也，世尊！如來不應以具足色身見。何以故？如來說具足色身，即非具足色身，是名具足色身。」

「須菩提！於意云何？如來可以具足諸相見不？」

「不也，世尊！如來不應以具足諸相見。何以故？如來說諸相具足，即非諸相具足，是名諸相具足。」

根據傳說，佛陀完美的外貌有三十二種圓滿相。但是佛陀和須菩提都說，不能以色身外相來看如來。就像其它一切相一樣，色身相也被命名了，但名稱和相都是由想法和概念所構成，因此不能涵蓋活生生、無邊際的實相。關於使用字句和概念，下一段裡也有相同的教導。

21

慧　命

「須菩提！汝勿謂如來作是念：『我當有所說法。』莫作是念。何以故？若人言：『如來有所說法。』即為謗佛，不能解我所說故。須菩提！說法者，無法可說，是名說法。」

爾時，慧命須菩提白佛言：「世尊！頗有眾生，於未來世，聞說是法，生信心不？」

佛言：「須菩提！彼非眾生，非不眾生。何以故？須菩提！眾生、眾生者，如來說非眾生，是名眾生。」

當我們看見玫瑰花，同時也能看到非玫瑰花的因素時，就可以安全地使用「玫瑰花」這個詞了。當我們看見「A」，並且看到「A」即「非A」時，我們知道「A」眞正是「A」。那麼，對我們來說，「A」就不再是個危險的障礙了。「慧命」是一個名稱，用來稱呼獲得「般若波羅蜜」的聖者老師，例如：慧命須菩提、慧命舍利弗等等。如果我們謹記在心：「實相是不受字句、概念、語言、或標幟所框架的」，我們就能很容易瞭解，佛陀在本經這幾段的教導。

22

向日葵

須菩提白佛言：「世尊！佛得阿耨多羅三藐三菩提，為無所得耶？」

佛言：「如是，如是！須菩提！我於阿耨多羅三藐三菩提乃至無有少法可得，是名阿耨多羅三藐三菩提。」

這裡我們碰到「無所得」的概念了。如果我們認爲佛陀獲得了一個獨立存在的成就，那麼這個成就就不能稱爲「阿耨多羅三藐三菩提」。一旦「阿耨多羅三藐三菩提」的概念生起，「阿耨多羅三藐三菩提」的實質就消失了。這就是爲什麼佛陀說：「我於阿耨多羅三藐三菩提乃至無有少法可得」。

許多年前，我寫了一首關於向日葵的詩。向日葵在此是指「般若波羅蜜」（度到彼岸的智慧）。

來，親愛的，以你天真無邪的雙眼，
看著法身這清澈蔚藍的大海，
並看見綠的顏色，那是「眞如」的顯現。
即使世界粉碎了，你的微笑永不消失。
昨天我們得到了甚麼？
今天我們將失去甚麼？
來，親愛的，

直接看進那由幻相裝飾的存在裡。
因爲向日葵已在那裡了，
所有的花都轉向它冥思。

23

月亮就是月亮

「復次，須菩提！是法平等，無有高下，是名阿耨多羅三藐三菩提；以無我、無人、無眾生、無壽者，修一切善法，則得阿耨多羅三藐三菩提。須菩提！所言善法者，如來說非善法，是名善法。」

現在我們來到了「平等」的本質，梵文是 samata。「平等」的意思是「無此無彼」，無「解脫」無「被解脫」，無「我」無「他」，無「多」無「少」，無「高」無「低」。諸法（心的一切對象）平等，本質都是「互即互入」。「阿耨多羅三藐三菩提」不能獨立存在於「非阿耨多羅三藐三菩提」的元素之外。「茶匙」不能獨立存在於「非茶匙」的元素之外。「雲」即是「海」，「海」即是「雲」。「雲」不能獨立存在於「海」之外，反之亦然。因爲一切法「無有高下」，這稱爲「阿耨多羅三藐三菩提」。在我們的想法裡，月亮可能是圓或缺，明亮或朦朧，出現或不出現，但月亮本身並沒有任何這些性質。月亮就是月亮。一切法平等。

24

最有福德的行爲

「須菩提！若三千大千世界中所有諸須彌山王，如是等七寶聚，有人持用布施；若人以此般若波羅蜜經，乃至四句偈等，受持讀誦、為他人說，於前福德百分不及一，百千萬億分，乃至算數譬喻所不能及。」

這一段重複了第十九段所說的內容，請參照那一段的論述。

25

有機的愛❶

「須菩提！於意云何？汝等勿謂如來作是念：『我當度眾生。』須菩提！莫作是念。何以故？實無有眾生如來度者。若有眾生如來度者，如來則有我、人、眾生、壽者。」

省思對於智慧來說是必要的。《金剛般若波羅蜜經》有很多地方是重複的，就像前段一樣。我們愈是持誦閱讀此經，就愈能深入洞悉它的奧妙之處。如果我們只讀一次，我們可能以爲已經完全瞭解它了，但這可能是危險的。讀經就像推拿按摩一樣，需要時間和努力才有成效。

如來和其他人一樣地使用字句和觀念：花就是花，垃圾就是垃圾，覺悟就是覺悟，幻相就是幻相，痛苦就是痛苦，但是如來不會被名相和觀念所束縛。反之，我們的習慣卻是把這些東西看成固定不變的個體，而我們可能被自己的見解所縛。所以如來選擇的語言，是能夠幫助我們深入觀察，並逐漸解脫束縛的語言。

有時候佛陀說的話，聽起來好像有個「我」在那裡。例如，他說：「阿難，你要不要和我到靈鳩山去？」當他使用「阿難」這個字時，用到了「人」的觀念。在「你要不要和我到靈鳩山去？」的句子裡，用到了「我」的觀念。但是，雖然佛陀和其他人一樣使用字句和觀念，他並不會被字句和觀念所束縛。

❶美國韋氏字典「有機」含有如下之意：1.各部分不可分割地組成整體 2.有系統地協調（組成整體的）各部分。就如人體為有機體，由各器官組成，而各器官的關係不可分割且有系統地互相協調運作。因此「有機的愛」意思為：各部分不可分割且整體共生共榮的愛。

「須菩提！如來說：『有我者，即非有我，而凡夫之人，以為有我。』須菩提！凡夫者，如來說即非凡夫，是名凡夫。」

這是個很深奧而且美麗的句子。凡夫被稱爲凡夫，但同時也被稱爲佛陀。稱他（她）爲凡夫，佛陀並沒有優越感。我們說到「佛陀」這個字時，懷著恭敬和仰慕。我們從沒想過，佛陀或菩薩的身體裡可能有不淨的元素，因爲我們不想要不恭敬。但般若波羅蜜多的教導說，佛陀的五蘊，本質也是有機的。佛陀是由非佛陀的因素所構成的，清淨是由不淨所構成的。

在佛教裡，不二（非二元性）是愛的必要特性。在愛裡，愛人者和被愛者並非二人。愛有著有機的特性。依「互即互入」來看，世界和人類的

25 有機的愛

所有問題，都應該本著「有機的愛」和「不二的智慧」為原則來解決。這些原則可以用來解決中東和前蘇聯的問題。一邊所受的苦，也是另一邊所受的苦；一邊的錯誤，也是另一邊的錯誤；當有一邊憤怒時，另一邊就受苦，反之亦然。這些原則也可以用來解決環境問題，例如氣候變遷和環境惡化。河流、海洋、森林、山巒、土壤、和岩石都是我們的身體。保護生存環境就是保護我們自己。這是佛教徒看待衝突、環境，以及愛的方式——本質有機且不二的方式。

26

滿是字句的籃子

「須菩提！於意云何？可以三十二相觀如來不？」須菩提言：「如是，如是！以三十二相觀如來。」佛言：「須菩提！若以三十二相觀如來者，轉輪聖王即是如來。」須菩提白佛言：「世尊！如我解佛所說義，不應以三十二相觀如來。」

佛教有許多不同的禪修方法，其中一種是觀想佛陀的身相。按照這種方法，禪修者要觀想佛陀身相具有的三十二種安詳莊嚴的特徵。有時候還要稱念佛陀名號，好讓禪修者心中出現的佛陀更加清楚，然後禪修者會覺得安詳平靜。出家人很熟悉這種修行，每當他們想見如來的相時就這麼修。這就是須菩提很快回答的原因。「如是，如是！以三十二相觀如來」。

轉輪聖王是位國王，在他統治時期持續轉動正義之輪；據說他也具有三十二相。《金剛經》讓我們知道，不應以三十二相來指認佛陀。事實上，我們應該盡全力在沒有三十二相之處尋找佛陀——在停滯的水中，以及患麻瘋病的乞丐中。當我們能夠在這些地方看見佛陀時，便看見無相的佛陀了。這並不是說觀想佛陀的三十二相是錯誤的。對初學者來說，這種觀想能帶來信心、穩定及安詳。

珍貴的蓮花開在覺悟的王座上。佛陀的光明遍照十方，他的智慧涵括了所有法界，他的愛穿透山水。在看到覺悟者之相時，我覺得所有的痛苦都消失了。我讚嘆覺悟者無限的功德，並誓願修學以證得覺悟之果。

在經歷人生困難逆境時，如果我們觀想佛陀的三十二相，會覺得精神抖擻且放鬆。《金剛經》並沒有教我們不要那麼做；它只是教我們要比較深入地觀察，並且也在三十二相之外觀想佛陀。如果我們太過執著於佛陀，他會窒息的。有位禪師就因爲人們濫用「佛陀」這個詞，而不再用它。他告訴僧團：「從現在起，每次我用到『佛陀』這個詞，我就去河邊漱口三次。」他的宣告完全符合般若波羅蜜多辯證法，但人們聽到他這麼說，卻認爲他是不恭敬。僧團中只有一位客座和尚瞭解。他站了起來並說：「尊者，我深深讚嘆您說的話。每次我聽到您說『佛陀』這個詞，我就得要去河邊洗耳三次。」

多棒啊！這兩個人都擺脫了空洞言詞的束縛而自由了。我們之中那些使用佛教名詞，卻沒有傳達佛陀教法的人們，應該要好好地清洗嘴巴和耳朵。我們必須要小心。越南音樂家范維（Pham Duy）寫了一首歌「人類

26 滿是字句的籃子

不是我們的敵人」：

我們的敵人穿著意識形態的彩衣。
我們的敵人貼著自由的標籤。
我們的敵人有個龐大的外形。
我們的敵人帶著滿是字句的籃子。

爾時，世尊而說偈言：
「若以色見我，以音聲求我，
是人行邪道，不能見如來。」

當我們剛開始學禪修時，我們可以用三十二相來觀想佛陀，我們甚至可能在夢中見到佛陀。但只要我們的傷口痊癒了，就應該離開這些形相，在生老病死中看見佛陀。涅槃和執著具有相同的本質，覺悟和無明的本質也一樣。我們應該就在地球這裡種下覺悟的種子，而不只是在虛空裡。美麗的蓮花從污穢的淤泥中生長出來。沒有磨難和痛苦，我們不會成爲佛陀。

這一段教導我們，不要被三十二相的觀念所束縛。我們可能開始想三十二相沒甚麼價値，但事實上，正念禪修總是會帶來莊嚴的相。寧靜、安詳、快樂，這些練習的成果眞實出現，但它們無法用一堆見解看到。只有在妙有中，這才展現出來。

27

非斷滅

「須菩提！汝若作是念：『如來不以具足相故，得阿耨多羅三藐三菩提。』須菩提！莫作是念。如來不以具足相故，得阿耨多羅三藐三菩提。須菩提！汝若作是念：『發阿耨多羅三藐三菩提者，說諸法斷滅相。』莫作是念。何以故？發阿耨多羅三藐三菩提者，於法不說斷滅相。」

「斷滅相」（「不存在，滅」以及「斷離生命」）也是執著。當我們看到桌子、花朵、或是阿耨多羅三藐三菩提，認爲它們獨立存在於其它諸法之外，那我們就被「常見」所束縛了。反之，若我們認爲每件事物都不存在，那我們就被「斷見」所束縛了。佛陀教導的「中道」是不被這兩種見所束縛。解脫並不是斷離生命或嘗試達到不存在。

28

福　德

「須菩提！若菩薩以滿恆河沙等世界七寶布施；若復有人知一切法無我，得成於忍，此菩薩勝前菩薩所得功德。何以故？須菩提！以諸菩薩不受福德故。」

須菩提白佛言：「世尊！云何菩薩不受福德？」

「須菩提！菩薩所作福德，不應貪著，是故說不受福德。」

菩薩無論想甚麼、說甚麼、或做甚麼，都能生起無量福德（德性與快樂），但他（她）並不會被這些束縛。因此，佛陀說菩薩「不受福德」（不需要累積福德）。當我們自願洗碗時，如果想著這樣的工作將為我們

28 福德

帶來以後的快樂或福報，那我們就不是眞的菩薩。我們只要在洗碗時，快樂地安住在每個當下。而當洗完碗後，我們也不需要告訴每個人，我們已經把碗都洗好了。如果那麼做，我們的工作就是浪費時間了。洗碗就只是爲了洗碗，而另一方面來說，洗碗給我們帶來無法估量的福德。

我們都知道人們難以忍受巨苦，但我們卻不知，要能充分享受大樂，也需要強大的力量及忍辱。忍辱的梵文字是 **kshanti**，是六波羅蜜〔六度〕之一。只有那些能夠承受巍巍眞理及極大快樂的人，才能稱爲「大菩薩」（摩訶薩）。這也是爲何在此段，我們看到這句：「得成於忍」（能夠完全體驗及忍受此眞理）的原因。

29

無來無去

「須菩提！若有人言：『如來若來若去、若坐若臥。』是人不解我所說義。何以故？如來者，無所從來，亦無所去，故名如來。」

有時候「如來」這個詞的定義是：從「眞如」來，以及往「眞如」去。這是爲了要讓我們明白，一切事物無來無去的本質。來去的觀念並不適用於「眞如」。「眞如」就是「眞如」。「眞如」怎麼來去呢？到這裡，佛陀已經說了「平等」、「不二」、「常見」，以及「斷見」。現在他又告訴我們，實相無來無去。這個眞理不僅適用於「如來」，也適用於一切法，心的一切對象。

30

一切事物的不可說本質

「須菩提！若善男子、善女人，以三千大千世界碎為微塵，於意云何？是微塵眾寧為多不？」

「甚多，世尊！何以故？若是微塵眾實有者，佛即不說是微塵眾。所以者何？佛說微塵眾，即非微塵眾，是名微塵眾。世尊！如來所說三千大千世界，即非世界，是名世界。何以故？若世界實有者，即是一合相。如來說一合相，即非一合相，是名一合相。須菩提？一合相者，即是不可說，但凡夫之人，貪著其事。」

這一段非常重要。在佛陀那個時代，人們認爲物質是由粒子聚合而形成的，到現在仍有許多人這麼想。在適當條件下，粒子聚合在一起而形成桌子或湯匙。當我們看見桌子或湯匙時，心裡就會浮現粒子聚合在一起的意象。那個意象稱爲「一合相」。如此，「一合相」和「粒子」變成兩個對立的概念。只有看見「粒子」和「一合相」本身並非眞的是「粒子」和「一合相」，我們才能從錯誤觀念中解脫。如果我們認爲，眞的有甚麼「具有自性的一合相」，就會被對於那個「法」（心的對象）的執著所束縛了。

關於實相的本質，我們說甚麼都不對。字句和概念從來就不能傳達實相。這一段經文說明了一切事物的不可說本質。如果我們對於實相的瞭解，是基於粒子、微塵、或一合相的概念，那我們就被卡住了。如果我們要接觸到事物的眞實本質，就必須超越所有的概念。

31

龜毛兔角

「須菩提！若人言：『佛說我見、人見、眾生見、壽者見。』須菩提！於意云何？是人解我所說義不？」

「世尊！是人不解如來所說義。何以故？世尊說我見、人見、眾生見、壽者見，即非我見、人見、眾生見、壽者見，是名我見、人見、眾生見、壽者見。」

「須菩提！發阿耨多羅三藐三菩提心者，於一切法，應如是知，如是見，如是信解，不生法相。須菩提！所言法相者，如來說即非法相，是名法相。」

那些還沒透澈瞭解《金剛經》深意的人，可能會認為我、人、眾生、

31 龜毛兔角

壽者的觀念，是般若、眞如，與如來的敵人。因此，他們可能會想要從實相裡去除這四種觀念。在這一段裡，佛陀糾正了這種二元思想。他說一切法，包括我、人、眾生、壽者、無我、無人、無眾生、無壽者，都是概念。我們不應放下了一套概念，卻又被另一套所束縛。「無我」的觀念來自於「我」的觀念，就像玫瑰花需要非玫瑰花的因素才能存在一樣。

當我們深入觀察「我」的概念時，就能看見「無我」的概念。龜毛和兔角實際上不存在，但是龜毛和兔角的概念是存在的；它們是由「毛」、「角」、「龜」、「兔」的概念生出來的。深入觀察龜毛兔角這些概念的實相，就有可能看見世界的眞實本質，「眞如」的眞實本質，以及「如來」的眞實本質。

佛陀教導我們，不要歧視「我」、「人」、「眾生」、以及「壽者」這些概念。它們就和「空」、「眞如」、「如來」、「阿耨多羅三藐三菩提心」一樣珍貴。所有的概念都是緣起（co-arise）的，也都沒有一個獨立的自我（性空）。如果「阿耨多羅三藐三菩提心」是空，那麼我見、人見、眾生見、壽者見也是空。所以，我們何必分別或害怕它們呢？所有的概念都是法（心的對象），都是相。佛陀告訴我們，凡所有相，皆是虛妄。我相、人相、眾生相、壽者相都是虛妄的。

依據「互即互入」和「緣起」的教法，一切法都是彼此互相依賴才能生起和增長的。深入觀察一法，你將會看見一切法。這在《華嚴經》裡有解釋。要記得，若歧視我、人、眾生、壽者等概念，就是執取與之對立的概念。一旦我們瞭解，概念就只是概念時，我們就能超越概念，從概念所代表的法中解脫出來。然後我們就能開始直接體驗超越概念的妙有。

32

教導法

「須菩提！若有人以滿無量阿僧祇世界七寶持用布施，若有善男子、善女人，發菩提心者，持於此經，乃至四句偈等，受持讀誦，為人演說，其福勝彼。云何為人演說？不取於相，如如不動，何以故？」

在這一段，佛陀告訴我們如何教導他人此經。他說我們應該如實地解釋，不要讓聽者被「相」所束縛了。他還說，我們在教導時要保持平靜、如如不動。如果我們觀察那位講經的人，通常就能知道他（她）是否以無相的精神在講經。

作爲觀察者，我們能聽出並感覺出來，講經開示裡有沒有那種「講經的人是我，你們是聽講的」的想法。如此，我們能知道這位講經者，仍然被「我」、「人」、「眾生」、「壽者」的概念束縛到甚麼程度。如果他（她）仍然緊緊受縛於這四個概念，那麼他們不可能對於《金剛經》有眞實的洞見。只有不取於相，解脫了相的人，才有可能展現出般若波羅蜜多的精神。

要講《金剛經》，這位老師必須觸及到「眞如」，即不二的本質，不可說的眞理。接觸到「眞如」就像是掘井掘到了水源，活水不斷湧出一樣。一旦我們能從般若之井直接飲水，我們就不再受我相、人相、眾生相、壽者相所束縛了。當我們看見解脫這些相的人時，即使這個解脫還不圓滿，我們知道他（她）的教導是眞實的。即使這位老師被批評指責講經不正確，他（她）還是會保持快樂安詳，毫無憤怒或不安的表現。

佛陀在《金剛經》的結尾，說了這四句偈：

「一切有為法，如夢、幻、泡、影，

如露亦如電，應作如是觀。」

依據緣起法則，一切和合的事物都是因緣所生法，存在一陣子，然後消失。人生中每一件事都循著這個模式，雖然事物看起來像是眞實的，但事實上，它們比較像是魔術師所變的把戲。我們能清楚地看見、聽見事物，但它們並不眞的是它們顯現出來的樣子。我們可以用「氣泡」或梵文字 *timira* 來形容顯現出來的表相。或者，如果我們用力揉眼睛就會看見許多星星，我們可能以爲這些星星是眞的，但事實上它們不是。

讀了這偈子後，我們可能以爲佛陀是說一切法無常，就像雲、煙、或閃電一樣。佛陀是說：「一切法無常」，但他並不是說它們不存在。他只是要我們在事物中〔如實〕看見它們自己。我們可能認為我們已經瞭解實相了，但事實上，我們只是瞭解了它稍縱即逝的幻象。如果我們深入觀察事物，我們就能從幻象中解脫出來。

我們甚至能用科學研究，在某種程度上來證明《金剛經》裡的一些句子。例如，一張看來堅固眞實的桌子，可能只是空間以及像蜂群一樣的電子，它們移動的速度接近光速。核子物理學家曾說，當進入了次原子的世界時，發現我們一般日常的見解很可笑。即便如此，物理學家也像其他人一般地過尋常日子。他就像我們其他人一樣地喝茶吃麵包，即使物理學家知道他吃的麵包，主要是由空間和少數的物質粒子所構成。佛陀也是如此。佛陀知道一切事物就像夢幻泡影，如露如電，但他還是平常地過生活，仍然吃飯、喝水。唯一的不同是，佛陀是以無相和無住的精神過生活。

佛說是經已，長老須菩提及諸比丘、比丘尼、優婆塞、優婆夷、一切世間天、人、阿修羅，聞佛所說，皆大歡喜，信受奉行。

受持修行《金剛經》有許多種方法，讀誦是其中一種。你可以在晚上，安靜地坐著讀誦它。讀誦是爲我們深植於內心的般若種子澆水的一種方法。如果不常爲這些種子澆水，它們就會枯掉；但如果常爲種子澆水，它們就會發芽成長。有時候，在毫無預期之下，你會有個鮮明奧妙的領悟。別因爲佛陀和須菩提重複的對話而退卻了。這些是我們終其一生需要不斷重複的話。有些歌需要經常唱；我們愈是多唱，就愈能透徹了解它們的涵意。

和一群朋友一起研讀《金剛經》是很棒的事。我確信，每一次閱讀，你們都能在其中找到新意。在我們僧團裡，每次誦完或讀完經時，我們就合掌並一起讀誦下面這四句偈，表達我們對佛、法、僧三寶的感恩心。讓我們現在就唸：「誦經修道殊勝行，無邊勝福皆回向，普及有恩諸眾生，並及父母師友等」。（讀誦《金剛經》，修行正念之道，生起無限的利益。我們誓願和一切眾生分享成果。我們誓願供養父母、師長、朋友、以及無量眾生，他們在道上給予我們引導和支持。）

【結語】成爲現代菩薩

人們常問我，如何將《金剛經》的教導應用於我們的日常生活，以及目前的環境危機。我已經學會了「耐心」這個功課。有時候，事情和人們都需要長久的時間才能轉變。重要的是，要種下善的種子。有時候，一顆種子需要一百年才能開出一朵花。在我看來，《金剛經》是佛陀播下的一顆種子，現在開始要開花了。《金剛經》是最古老的深度生態學經典。它是佛教的基本教法，保護自己和環境的藝術。

當須菩提問佛陀：「善男子、善女人發阿耨多羅三藐三菩提心，應云何住？云何降伏其心？」時，他是問：「如果我想全心全力保護生命，我該用甚麼方法和原則？」這是個很實際的問題，我們大家現在都正爲此而努力。我們要如何保護自己的健康？所愛的人的健康？以及地球的健康？

佛陀給須菩提的回答很直接：「**我當度眾生。**」（我們必須盡全力幫助每一眾生，度過痛苦的大海。）然後佛陀繼續說：「**若菩薩有我相、人相、眾生相、壽者相，即非菩薩**」。《金剛經》的精要就在這句話裡。如果我們能瞭解關於「無分別」的這句話，那麼我們就能了解，如何將《金剛經》應用在日常生活中了。這就像是劈竹子一樣，只有開頭的部分是困難的。一旦劈開了一條裂縫，那麼整根竹子就很容易劈開了。如果我們能瞭解這個關鍵句子，《金剛經》的所有其它內容就容易瞭解了。

眞正的菩薩具備兩個要素：要度一切眾生到解脫彼岸的大願心，以及無分別智。《金剛經》教導我們，救度者和被救度者並無分別。對於許多關心環境議題的人來說，這是絕佳的一課！我們不是因爲任何道德正確性才愛護地球等等的，而是因爲我們和地球、動物、以及地球上的其他眾生沒有分別。「無分別智」是打破個人主義藩籬的智慧。我們必須要學習，以這種方式來看待世界。

修行「無我」

我們周遭的媒體總是要我們注重自我。甚麼是「我」呢？那只是我們的想像而已。「我」與「無我」之間的藩籬，是由無明的心創造出來的。我們要如何去除那道藩籬，從「我」的觀念中解脫出來呢？

佛陀教導我們，要觀修事物的「無我」本質。每當我們看見一片樹葉、一顆石頭、一片雲、一條河、一個嬰兒，或一個人時，我們要深入地觀察，看見其「無我」的本質，好讓我們能從「我」的觀念中解脫出來。必須要每天練習「無我」的禪修，要在日常生活裡時時刻刻練習。無論我們正在飲食、行走、坐著、或在花園工作，每當我們看著其它人、白雲、青草，我們看見我們在那些元素中，而那些元素也在我們之內，彼此並無分別。

我們經常忘記，人類是從動物、植物、以及礦物演化而來的，而且就地球演化史來看，人類的出現只不過是最近的事。當我們認爲自己有權利爲所欲爲，而其他動物、植物，及礦物只是供我們得償所願的工具時，那麼，我們對於作爲人類有著很錯誤的觀念。

我們還不瞭解，人類是由非人類的因素所構成，那是人類的眞實本質。我們必須去除「人類」和動物、植物、礦物這些「非人類元素」之間的藩籬。我們知道，如果沒有動物、植物、礦物，人類是無法生存的；然而我們仍然繼續歧視並毀滅它們，那也就是毀滅掉構成我們身處環境的因素。

在日常生活中，我們可以練習正念禪修，好瞭解「人類」和「非人類」之間的關係。如果我們能保護非人類，包括非眾生的因素，那我們就能保護我們自己。我們以爲眾生有感覺、想法等等，因此和非眾生不同。但「眾生」是由動、植物這些「非眾生」所構成的。我們日常生活的方式，必須要能夠促進對於「眾生」與「非眾生」關係的瞭解。就像「人類」是由「非人類」的因素所構成，「眾生」也是由「非眾生」的因素所構成。

對於如何保護眾生和非眾生，我們有所誤解。這誤解一部分來自於，我們看待自己生命的方式。我們以爲自己的壽命是七、八十年，甚至一百年。我們以爲我們的存在是從出生開始直至死亡，那就是我們的壽命。我們以爲在出生之前我們不存在，死亡以後也不存在。這是非常錯誤的觀念。我們對於「斷滅」（斷離生命）有很大的恐懼，我們對於「無」懷有恐懼。

「壽命」的觀念必須去除，好讓我們瞭解實相是超越一切觀念的，包括生、死，眾生、非眾生等的觀念。壽命的觀念是其他一切觀念的基礎。所以，如果我們深入觀察壽命，我們會發現這只不過是種顯現。如果我們被想法、形相所束縛，那我們就錯失了一切。我們並未如實看見實相，並未從生死、來去、一異中解脫出來。我們的壽命是不受時間限制的。

當我們漫步於秋天，看見落葉飄零時，或許會有感傷之情。但如果我們深入觀察落葉，我們會看見它們只不過是假裝死亡而已。葉子的眞正本質也是超越生死、有無、來去、恆常斷滅等觀念。落葉化成春泥，之後又變成另一片葉子或花朵。而我們就像葉子一樣。對於年輕、衰老、生、死、來、去、有、無，我們必須深入觀察，才能看見這一切只不過是觀念而已。

接納自己

由於我們陷在「我」的觀念裡，當我們看自己時，常常看到許多自己不喜歡的地方，以及自己不滿意的行爲。在我們內在，有一個審判者和一個被審判者。我們之中有許多人都不認同自己，不能接納自己，而且覺得自己很悲哀，有很多缺點。對於自己，我們非常挑剔。我們有著許多弱點，而我們不想要它們。我們希望超越、轉化它們，但卻沒辦法。所以我們就開始輕視自己。

如果我們不能接納自己，又如何能接納別人呢？我們要如何幫忙改變周遭的世界呢？我們必須要先學習接納自己。佛陀說，藉由深入觀察自己，我們將學會接納自己。我們是由非我們的因素所構成的。當我們深入觀察時，我們會看見形成我們的許多因素。

有許多來自父母、祖父母、及祖先的遺傳因素（基因），還有我們的社會、傳統、國家、周圍的人、經濟狀況，以及教育背景等因素。當我們看見這一切時，便在我們之內看見了許多非我們的因素。這樣我們會比較不那麼挑剔，也比較不會那麼批判自己了。

學習成為菩薩

我們必須深入觀察並自問：我們每天都有所成長嗎？我們每天都更快樂嗎？我們每天都能和自己以及周圍的人更融洽相處嗎？無論他們是我們不喜愛或喜愛的人。我們必須照顧自己，並且試著盡全力眞正幫助他人。

學習成爲菩薩，我們誓願生起充沛精力，好轉化自己和周遭人們的缺點。有時候我們看見別人的缺點，就很不善巧地指責。有時候我們的行爲產生摩擦和憤怒。當我們深入觀察時，就能看見他人的缺點和我們自己的缺點並無不同，於是我們便能以善巧和慈悲的方式回應。

當我們的眞心能看見自己和他人並無分別時，那我們就是菩薩，一個完全覺悟的人。但通常是我們的妄心（受蒙騙的心）和表象接觸，創造出錯誤的想法。妄心則是根源於無明。當我們有這樣的心時，許多痛苦便生起了。貪愛、憤怒、無明像雲一樣遮蔽了我們的「想」，以致於當我們和事物接觸時，無法看見它的眞正本質，於是我們便創造了一個意象。因此，當我們憤怒或煩亂時，我們是煩亂於那個意象，而非事物本身。

我們有責怪他人的傾向。但如果我們深入觀察，便能看見在「他」內在有著許多「非他」的因素。然後我們便能知道他爲何有那樣的行爲，就能比較容易接納他，並開始想辦法化解困難，與他和解。我們能夠看到他人之所以那麼做，有一部分原因在於我們自己。

我們必須看見，對於那種行爲的顯現，我們自己該負多少責任，對方又該負多少責任。當我們深入觀察自己和他人時，便會在自己和對方中看見「無我」的因素。即使只是其中一人從「我」的觀念中解脫，並且能夠不被對方的言行所煩擾，那麼對方也會逐漸地改變。

以僧團為家

我們自己獨住，很容易被懶惰和負面習性的力量控制。但在僧團中，大家會提醒我們要練習正念。在僧團裡，他人會將我們的負面能量反射回來，並一而再，再而三地提醒我們放下，於是我們就必須試著轉化。如果我們獨住，沒有人將我們的能量映現反射回來，我們的負面能量會變得愈來愈強。

少了具足正念的僧團，一位聖者可能在一天之內變成怪物。要幫助自己保持並加強正念能量的唯一方法，就是和僧團在一起。在健全的僧團裡，毫不費力地，每個人都能給彼此帶來許多快樂。如果我們仍然會忌妒，仍然覺得被別人傷害，那是因爲我們已經建立了一道藩籬，畫地自限。如果輕鬆自在，那是因爲我們已經成功地拆除了介於我們和他人之間的藩籬。

有這道藩籬，我們覺得受傷害；沒有這道藩籬，我們就不受傷害。即使我們能背誦許多經典、或者買很多書來讀，那並不是他人需要我們做的。他們只需要我們的轉化，他們只需要我們散發出來的喜悅和安詳。如果我們有著無法和旁人溝通的習慣，就必須深入觀察自己，看看原因何在。《金剛經》的修行，就是試著拆除那隔開我們和他人的外殼，好讓我們和自己、和我們周圍的人、和我們的星球，快樂地生活。

在處境困難的社會中當菩薩

有些人是我們認定爲「壞人」的，但我們在某個程度上也該爲他們的行爲舉動負責。如果他們陷在酒癮或毒癮裡，如果他們犯了罪，我們也該負責，因爲我們造成這種社會，我們這樣照顧年輕的下一代，讓他們轉向毒品、酒精，以及犯罪。

他們可能是住在人們都粗暴、不和善、而且自我中心的環境裡。如果我們生在這樣的處境裡，我們也會和他們一模一樣。如果我們深入觀察那些「壞人」，並且看待他們如己，把他們當作自己的責任，於是我們便能愛這些人，並且幫忙改變社會。

在《金剛經》裡，佛陀不說任何人是壞人，即使他們行爲惡劣。所以，懷抱的只是愛，深入瞭解，沒有歧視，沒有責怪。我們知道，做壞事的他人就是我們自己。我們知道，我們所處環境的問題無法只靠我們自己解決，但不靠我們也無法解決。一滴水無法流入大海，一滴水在半路上就蒸發了。但如果一滴水落入河中，那麼整條河都將流入大海。獨自一人，我們哪裡也去不了。但如果我們在同一條路上有同行伴侶，有個僧團，那麼我們哪裡都能去。我們能轉化一整個大海；我們能轉化整個地球。

梅村簡介

梅村位於法國西南部，是一行禪師於一九八二年創立的修習中心。其後，禪師亦在美國、德國及亞洲等地設立禪修中心，歡迎個人或家庭來參加一天或更長時間的正念修習。如欲查詢或報名，請聯絡各中心：

Plum Village

13 Martineau
33580 Dieulivol
France
Tel: (33) 5 56 61 66 88
info@plumvillage.org

Deer Park Monastery

2499 Melru Lane
Escondido, CA 92026
USA
Tel: (1) 760 291-1003
deerpark@plumvillage.org
www.deerparkmonastery.org

Blue Cliff Monastery

3 Hotel Road
Pine Bush, NY 12566
USA
Tel: (1) 845 733-4959
www.bluecliffmonastery.org

European Institute of Applied Buddhism

Schaumburgweg 3,
D-51545 Waldbröl,
Germany
Tel: +49 (0) 2291 907 1373
www.eiab.eu

The Mindfulness Bell（正念鐘聲）這本雜誌由梅村一年發行三次，報導一行禪師所教導的正念生活之藝術。

欲訂閱或查詢全球僧團活動資訊，請至網站：www.mindfulnessbell.org

橡樹林文化 ❖❖ 善知識系列 ❖❖ 書目

JB0001	狂喜之後	傑克．康菲爾德◎著	380 元
JB0002	抉擇未來	達賴喇嘛◎著	250 元
JB0003	佛性的遊戲	舒亞．達斯喇嘛◎著	300 元
JB0004	東方大日	邱陽．創巴仁波切◎著	300 元
JB0005	幸福的修煉	達賴喇嘛◎著	230 元
JB0006	與生命相約	一行禪師◎著	240 元
JB0007	森林中的法語	阿姜查◎著	320 元
JB0008	重讀釋迦牟尼	陳兵◎著	320 元
JB0009	你可以不生氣	一行禪師◎著	230 元
JB0010	禪修地圖	達賴喇嘛◎著	280 元
JB0011	你可以不怕死	一行禪師◎著	250 元
JB0012	平靜的第一堂課——觀呼吸	德寶法師 ◎著	260 元
JB0013	正念的奇蹟	一行禪師◎著	220 元
JB0014	觀照的奇蹟	一行禪師◎著	220 元
JB0015	阿姜查的禪修世界——戒	阿姜查◎著	220 元
JB0016	阿姜查的禪修世界——定	阿姜查◎著	250 元
JB0017	阿姜查的禪修世界——慧	阿姜查◎著	230 元
JB0018X	遠離四種執著	究給．企千仁波切◎著	280 元
JB0019	禪者的初心	鈴木俊隆◎著	220 元
JB0020X	心的導引	薩姜．米龐仁波切◎著	240 元
JB0021X	佛陀的聖弟子傳 1	向智長老◎著	240 元
JB0022	佛陀的聖弟子傳 2	向智長老◎著	200 元
JB0023	佛陀的聖弟子傳 3	向智長老◎著	200 元
JB0024	佛陀的聖弟子傳 4	向智長老◎著	260 元
JB0025	正念的四個練習	喜戒禪師◎著	260 元
JB0026	遇見藥師佛	堪千創古仁波切◎著	270 元
JB0027	見佛殺佛	一行禪師◎著	220 元
JB0028	無常	阿姜查◎著	220 元
JB0029	覺悟勇士	邱陽．創巴仁波切◎著	230 元

JB0030	正念之道	向智長老◎著	280 元
JB0031	師父——與阿姜查共處的歲月	保羅．布里特◎著	260 元
JB0032	統御你的世界	薩姜．米龐仁波切◎著	240 元
JB0033	親近釋迦牟尼佛	髻智比丘◎著	430 元
JB0034	藏傳佛教的第一堂課	卡盧仁波切◎著	300 元
JB0035	拙火之樂	圖敦．耶喜喇嘛◎著	280 元
JB0036	心與科學的交會	亞瑟．札炯克◎著	330 元
JB0037	你可以，愛	一行禪師◎著	220 元
JB0038	專注力	B．艾倫．華勒士◎著	250 元
JB0039	輪迴的故事	慈誠羅珠堪布◎著	270 元
JB0040	成佛的藍圖	堪千創古仁波切◎著	270 元
JB0041	事情並非總是如此	鈴木俊隆禪師◎著	240 元
JB0042	祈禱的力量	一行禪師◎著	250 元
JB0043	培養慈悲心	圖丹．卻准◎著	320 元
JB0044	當光亮照破黑暗	達賴喇嘛◎著	300 元
JB0045	覺照在當下	優婆夷　紀．那那蓉◎著	300 元
JB0046	大手印暨觀音儀軌修法	卡盧仁波切◎著	340 元
JB0047X	蔣貢康楚閉關手冊	蔣貢康楚羅卓泰耶◎著	260 元
JB0048	開始學習禪修	凱薩琳．麥唐諾◎著	300 元
JB0049	我可以這樣改變人生	堪布慈囊仁波切◎著	250 元
JB0050	不生氣的生活	W. 伐札梅諦◎著	250 元
JB0051	智慧明光：《心經》	堪布慈囊仁波切◎著	250 元
JB0052	一心走路	一行禪師◎著	280 元
JB0054	觀世音菩薩妙明教示	堪布慈囊仁波切◎著	350 元
JB0055	世界心精華寶	貝瑪仁增仁波切◎著	280 元
JB0056	到達心靈的彼岸	堪千．阿貝仁波切◎著	220 元
JB0057	慈心禪	慈濟瓦法師◎著	230 元
JB0058	慈悲與智見	達賴喇嘛◎著	320 元
JB0059	親愛的喇嘛梭巴	喇嘛梭巴仁波切◎著	320 元
JB0060	轉心	蔣康祖古仁波切◎著	260 元
JB0061	遇見上師之後	詹杜固仁波切◎著	320 元
JB0062	白話《菩提道次第廣論》	宗喀巴大師◎著	500 元

JB0063	離死之心	竹慶本樂仁波切◎著	400元
JB0064	生命真正的力量	一行禪師◎著	280元
JB0065	夢瑜伽與自然光的修習	南開諾布仁波切◎著	280元
JB0066	實證佛教導論	呂真觀◎著	500元
JB0067	最勇敢的女性菩薩——綠度母	堪布慈囊仁波切◎著	350元
JB0068	建設淨土——《阿彌陀經》禪解	一行禪師◎著	240元
JB0069	接觸大地—與佛陀的親密對話	一行禪師◎著	220元
JB0070	安住於清淨自性中	達賴喇嘛◎著	480元
JB0071/72	菩薩行的祕密【上下冊】	佛子希瓦拉◎著	799元
JB0073	穿越六道輪迴之旅	德洛達娃多瑪◎著	280元
JB0074	突破修道上的唯物	邱陽·創巴仁波切◎著	320元
JB0075	生死的幻覺	白瑪格桑仁波切◎著	380元
JB0076	如何修觀音	堪布慈囊仁波切◎著	260元
JB0077	死亡的藝術	波卡仁波切◎著	250元
JB0078	見之道	根松仁波切◎著	330元
JB0079	彩虹丹青	祖古·烏金仁波切◎著	340元
JB0080	我的極樂大願	卓千拉貢仁波切◎著	260元
JB0081	再捻佛語妙花	祖古·烏金仁波切◎著	250元
JB0082	進入禪定的第一堂課	德寶法師◎著	300元
JB0083	藏傳密續的真相	圖敦·耶喜喇嘛◎著	300元
JB0084	鮮活的覺性	堪千創古仁波切◎著	350元
JB0085	本智光照	遍智 吉美林巴◎著	380元
JB0086	普賢王如來祈願文	竹慶本樂仁波切◎著	320元
JB0087	禪林風雨	果煜法師◎著	360元
JB0088	不依執修之佛果	敦珠林巴◎著	320元
JB0089	本智光照—功德寶藏論 密宗分講記	遍智 吉美林巴◎著	340元
JB0090	三主要道論	堪布慈囊仁波切◎講解	280元
JB0091	千手千眼觀音齋戒—紐涅的修持法	汪遷仁波切◎著	400元
JB0092	回到家，我看見真心	一行禪師◎著	220元
JB0093	愛對了	一行禪師◎著	260元
JB0094	追求幸福的開始：薩迦法王教你如何修行	尊勝的薩迦法王◎著	300元
JB0095	次第花開	希阿榮博堪布◎著	350元

JB0096	楞嚴貫心	果煜法師◎著	380 元
JB0097	心安了，路就開了：讓《佛說四十二章經》成為你人生的指引	釋悟因◎著	320 元
JB0098	修行不入迷宮	札丘傑仁波切◎著	320 元
JB0099	看自己的心，比看電影精彩	圖敦．耶喜喇嘛◎著	280 元
JB0100	自性光明——法界寶庫論	大遍智　龍欽巴尊者◎著	450 元
JB0101	穿透《心經》：原來，你以為的只是假象	柳道成法師◎著	380 元
JB0102	直顯心之奧秘：大圓滿無二性的殊勝口訣	祖古貝瑪．里沙仁波切◎著	500 元
JB0103	一行禪師講《金剛經》	一行禪師◎著	320 元

橡樹林文化 ❖❖ 蓮師文集系列 ❖❖ 書目

JA0001	空行法教	伊喜．措嘉佛母輯錄付藏	260 元
JA0002	蓮師傳	伊喜．措嘉記錄撰寫	380 元
JA0003	蓮師心要建言	蓮花生大士◎著	350 元
JA0004	白蓮花	蔣貢米龐仁波切◎著	260 元
JA0005	松嶺寶藏	蓮花生大士◎著	330 元
JA0006	自然解脫	蓮花生大士◎著	400 元

橡樹林文化 ❖❖ 圖解佛學系列 ❖❖ 書目

JL0001	圖解西藏生死書	張宏實◎著	420 元
JL0002	圖解佛教八識	洪朝吉◎著	260 元

橡樹林文化 ❖❖ 眾生系列 ❖❖ 書目

JP0001	大寶法王傳奇	何謹◎著	200 元
JP0002X	當和尚遇到鑽石（增訂版）	麥可·羅區格西◎著	360 元
JP0003X	尋找上師	陳念萱◎著	200 元
JP0004	祈福 DIY	蔡春娉◎著	250 元
JP0006	遇見巴伽活佛	溫普林◎著	280 元
JP0009	當吉他手遇見禪	菲利浦·利夫·須藤◎著	220 元
JP0010	當牛仔褲遇見佛陀	蘇密·隆敦◎著	250 元
JP0011	心念的賽局	約瑟夫·帕蘭特◎著	250 元
JP0012	佛陀的女兒	艾美·史密特◎著	220 元
JP0013	師父笑呵呵	麻生佳花◎著	220 元
JP0014	菜鳥沙彌變高僧	盛宗永興◎著	220 元
JP0015	不要綁架自己	雪倫·薩爾茲堡◎著	240 元
JP0016	佛法帶著走	佛朗茲·梅蓋弗◎著	220 元
JP0018C	西藏心瑜伽	麥可·羅區格西◎著	250 元
JP0019	五智喇嘛彌伴傳奇	亞歷珊卓·大衛一尼爾◎著	280 元
JP0020	禪　兩刃相交	林谷芳◎著	260 元
JP0021	正念瑜伽	法蘭克·裘德·巴奇歐◎著	399 元
JP0022	原諒的禪修	傑克·康菲爾德◎著	250 元
JP0023	佛經語言初探	竺家寧◎著	280 元
JP0024	達賴喇嘛禪思 365	達賴喇嘛◎著	330 元
JP0025	佛教一本通	蓋瑞·賈許◎著	499 元
JP0026	星際大戰·佛部曲	馬修·波特林◎著	250 元
JP0027	全然接受這樣的我	塔拉·布萊克◎著	330 元
JP0028	寫給媽媽的佛法書	莎拉·娜塔莉◎著	300 元
JP0029	史上最大佛教護法—阿育王傳	德千汪莫◎著	230 元
JP0030	我想知道什麼是佛法	圖丹·卻淮◎著	280 元
JP0031	優雅的離去	蘇希拉·布萊克曼◎著	240 元
JP0032	另一種關係	滿亞法師◎著	250 元
JP0033	當禪師變成企業主	馬可·雷瑟◎著	320 元

JP0034	智慧 81	偉恩・戴爾博士◎著	380 元
JP0035	覺悟之眼看起落人生	金菩提禪師◎著	260 元
JP0036	貓咪塔羅算自己	陳念萱◎著	520 元
JP0037	聲音的治療力量	詹姆斯・唐傑婁◎著	280 元
JP0038	手術刀與靈魂	艾倫・翰彌頓◎著	320 元
JP0039	作為上師的妻子	黛安娜・J・木克坡◎著	450 元
JP0040	狐狸與白兔道晚安之處	庫特・約斯特勒◎著	280 元
JP0041	從心靈到細胞的療癒	喬思・慧麗・赫克◎著	260 元
JP0042	27% 的獲利奇蹟	蓋瑞・賀許伯格◎著	320 元
JP0043	你用對專注力了嗎？	萊斯・斐米博士◎著	280 元
JP0044	我心是金佛	大行大禪師◎著	280 元
JP0045	當和尚遇到鑽石 2	麥可・羅區格西◎等著	280 元
JP0046	雪域求法記	邢肅芝（洛桑珍珠）◎口述	420 元
JP0047	你的心是否也住著一隻黑狗？	馬修・約翰史東◎著	260 元
JP0048	西藏禪修書	克莉絲蒂・麥娜麗喇嘛◎著	300 元
JP0049	西藏心瑜伽 2	克莉絲蒂・麥娜麗喇嘛◎等著	300 元
JP0050	創作，是心靈療癒的旅程	茱莉亞・卡麥隆◎著	350 元
JP0051	擁抱黑狗	馬修・約翰史東◎著	280 元
JP0052	還在找藉口嗎？	偉恩・戴爾博士◎著	320 元
JP0053	愛情的吸引力法則	艾莉兒・福特◎著	280 元
JP0054	幸福的雪域宅男	原人◎著	350 元
JP0055	貓馬麻	阿義◎著	350 元
JP0056	看不見的人	中沢新一◎著	300 元
JP0057	內觀瑜伽	莎拉・鮑爾斯◎著	380 元
JP0058	29 個禮物	卡蜜・沃克◎著	300 元
JP0059	花仙療癒占卜卡	張元貞◎著	799 元
JP0060	與靈共存	詹姆斯・范普拉◎著	300 元
JP0061	我的巧克力人生	吳佩容◎著	300 元
JP0062	這樣玩，讓孩子更專注、更靈性	蘇珊・凱瑟・葛凌蘭◎著	350 元
JP0063	達賴喇嘛送給父母的幸福教養書	安娜・芭蓓蔻爾・史蒂文・李斯◎著	280 元
JP0064	我還沒準備說再見	布蕾克・諾爾 & 帕蜜拉・D・布萊爾◎著	380 元
JP0065	記憶人人 hold 得住	喬許・佛爾◎著	360 元

JP0066	菩曼仁波切	林建成◎著	320 元
JP0067	下面那裡怎麼了？	莉莎・瑞金◎著	400 元
JP0068	極密聖境・仰桑貝瑪貴	邱常梵◎著	450 元
JP0069	停心	釋心道◎著	380 元
JP0070	聞盡	釋心道◎著	380 元
JP0071	如果你對現況感到倦怠……	威廉・懷克羅◎著	300 元
JP0072	希望之翼：倖存的奇蹟，以及雨林與我的故事	茱莉安・柯普科◎著	380 元
JP0073	我的人生療癒旅程	鄧嚴◎著	260 元
JP0074	因果，怎麼一回事？	釋見介◎著	240 元
JP0075	皮克斯動畫師之紙上動畫《羅摩衍那》	桑傑・帕特爾◎著	720 元
JP0076	寫，就對了！	茱莉亞・卡麥隆◎著	380 元
JP0077	願力的財富	釋心道◎著	380 元
JP0078	當佛陀走進酒吧	羅卓・林茲勒◎著	350 元
JP0079	人聲，奇蹟的治癒力	伊凡・德・布奧恩◎著	380 元
JP0080	當和尚遇到鑽石 3	麥可・羅區格西◎著	400 元
JP0081	AKASH 阿喀許靜心 100	AKASH 阿喀許◎著	400 元
JP0082	世上是不是有神仙：生命與疾病的真相	樊馨蔓◎著	300 元
JP0083	生命不僅僅如此—辟穀記（上）	樊馨蔓◎著	320 元
JP0084	生命可以如此—辟穀記（下）	樊馨蔓◎著	420 元
JP0085	讓情緒自由	茱迪斯・歐洛芙◎著	420 元
JP0086	別癌無恙	李九如◎著	360 元
JP0087	什麼樣的業力輪迴，造就現在的你	芭芭拉・馬丁＆狄米崔・莫瑞提斯◎著	420 元
JP0088	我也有聰明數學腦：15 堂課激發被隱藏的競爭力	盧采嫻◎著	280 元
JP0089	與動物朋友心傳心	羅西娜・瑪利亞・阿爾克蒂◎著	320 元
JP0090	法國清新舒壓著色畫 50：繽紛花園	伊莎貝爾・熱志－梅納＆紀絲蘭・史朵哈＆克萊兒・摩荷爾－法帝歐◎著	350 元
JP0091	法國清新舒壓著色畫 50：療癒曼陀羅	伊莎貝爾・熱志－梅納＆紀絲蘭・史朵哈＆克萊兒・摩荷爾－法帝歐◎著	350 元
JP0092	風是我的母親	熊心、茉莉・拉肯◎著	350 元
JP0093	法國清新舒壓著色畫 50：幸福懷舊	伊莎貝爾・熱志－梅納＆紀絲蘭・史朵哈＆克萊兒・摩荷爾－法帝歐◎著	350 元

JP0094	走過倉央嘉措的傳奇：尋訪六世達賴喇嘛的童年和晚年，解開情詩活佛的生死之謎	邱常梵◎著	450 元
JP0095	【當和尚遇到鑽石 4】愛的業力法則：西藏的古老智慧，讓愛情心想事成	麥可．羅區格西◎著	450 元
JP0096	媽媽的公主病：活在母親陰影中的女兒，如何走出自我？	凱莉爾．麥克布萊德博士◎著	380 元
JP0097	法國清新舒壓著色畫 50：璀璨伊斯蘭	伊莎貝爾．熱志－梅納＆紀絲蘭．史朵哈＆克萊兒．摩荷爾－法帝歐◎著	350 元
JP0098	最美好的都在此刻：53 個創意、幽默、找回微笑生活的正念練習	珍．邱禪．貝斯醫生◎著	350 元
JP0099	愛，從呼吸開始吧！ 回到當下，讓心輕安的禪修之道	釋果峻◎著	300 元

橡樹林文化 ❖❖ 成就者傳紀系列 ❖❖ 書目

JS0001	惹瓊巴傳	堪千創古仁波切◎著	260 元
JS0002	曼達拉娃佛母傳	喇嘛卻南、桑傑．康卓◎英譯	350 元
JS0003	伊喜．措嘉佛母傳	嘉華．蔣秋、南開．寧波◎伏藏書錄	400 元
JS0004	無畏金剛智光：怙主敦珠仁波切的生平與傳奇	堪布才旺．董嘉仁波切◎著	400 元
JS0005	珍稀寶庫——薩迦總巴創派宗師貢嘎南嘉傳	嘉敦．強秋旺嘉◎著	350 元
JS0006	帝洛巴傳	堪千創古仁波切◎著	260 元
JS0007	南懷瑾的最後 100 天	王國平◎著	380 元
JS0008	偉大的不丹傳奇．五大伏藏王之一 貝瑪林巴之生平與伏藏教法	貝瑪林巴◎取藏	450 元

善知識系列　JB0103

一行禪師講金剛經 (The Diamond That Cuts Through Illusion)

作　　　者／一行禪師
中　　　譯／觀行者
責任編輯／陳芊卉
版面構成／歐陽碧智
封面設計／張家銘 ROOFTOP FACTORY ／ rooftop.chang@msa.hinet.net
業　　　務／顏宏紋
印　　　刷／韋懋實業有限公司

發　行　人／何飛鵬
事業群總經理／謝至平
總　編　輯／張嘉芳
出　　　版／橡樹林文化
城邦文化事業股份有限公司
115 台北市南港區昆陽街 16 號 4 樓
電話：(02)2500-0888　傳眞：(02)2500-1951
發　　　行／英屬蓋曼群島商家庭傳媒股份有限公司城邦分公司
115 台北市南港區昆陽街 16 號 8 樓
客服服務專線：(02)25007718；25001991
24 小時傳眞專線：(02)25001990；25001991
服務時間：週一至週五上午 09:30 ～ 12:00；下午 13:30 ～ 17:00
劃撥帳號：19863813　戶名：書虫股份有限公司
讀者服務信箱：service@readingclub.com.tw
香港發行所／城邦（香港）出版集團有限公司
香港九龍土瓜灣土瓜灣道 86 號順聯工業大廈 6 樓 A 室
電話：(852)25086231　傳眞：(852)25789337
e-mail：hkcite@biznetvigator.com
馬新發行所／城邦（馬新）出版集團【Cité (M) Sdn.Bhd. (458372 U)】
41, Jalan Radin Anum, Bandar Baru Sri Petaling,
57000 Kuala Lumpur, Malaysia.
電話：(603) 90563833　傳眞：(603) 90576622
Email：services@cite.my

初版一刷／ 2015 年 5 月
初版十七刷／ 2024 年 4 月
ISBN ／ 978-986-121-998-1
定價／ 320 元
城邦讀書花園
www.cite.com.tw

國家圖書館出版品預行編目（CIP）資料

一行禪師講金剛經 / 一行禪師作；觀行者中譯 . -- 初版 . -- 臺北市：橡樹林文化，城邦文化：家庭傳媒城邦分公司發行，2015.05
面；　公分 . --（善知識系列；JB0103）
譯自：The diamond that cuts through illusion : commentaries on the Prajñaparamita Diamond Sutra
ISBN 978-986-121-998-1（平裝）

1. 般若部　2. 佛教修持

221.44　　104005249

廣　告　回　函
北區郵政管理局登記證
北台字第10158號

郵資已付　免貼郵票

115 台北市南港區昆陽街 16 號 4 樓

城邦文化事業股份有限公司

橡樹林出版事業部　收

請沿虛線剪下對折裝訂寄回，謝謝！

|橡|樹|林|

書名：一行禪師講金剛經　書號：JB0103

橡樹林文化

讀者回函卡

感謝您對橡樹林出版社之支持，請將您的建議提供給我們參考與改進；請別忘了給我們一些鼓勵，我們會更加努力，出版好書與您結緣。

姓名：＿＿＿＿＿＿＿＿ □女 □男 生日：西元＿＿＿＿＿年

Email：＿＿＿＿＿＿＿＿＿＿＿＿＿＿＿＿＿＿

●您從何處知道此書？

□書店 □書訊 □書評 □報紙 □廣播 □網路 □廣告 DM

□親友介紹 □橡樹林電子報 □其他＿＿＿＿＿＿

●您以何種方式購買本書？

□誠品書店 □誠品網路書店 □金石堂書店 □金石堂網路書店

□博客來網路書店 □其他＿＿＿＿＿＿

●您希望我們未來出版哪一種主題的書？（可複選）

□佛法生活應用 □教理 □實修法門介紹 □大師開示 □大師傳記

□佛教圖解百科 □其他＿＿＿＿＿＿

●您對本書的建議：

＿＿＿＿＿＿＿＿＿＿＿＿＿＿＿＿＿＿＿＿

＿＿＿＿＿＿＿＿＿＿＿＿＿＿＿＿＿＿＿＿

＿＿＿＿＿＿＿＿＿＿＿＿＿＿＿＿＿＿＿＿

我已經完全瞭解左述內容，並同意本人資料依上述範圍內使用。

＿＿＿＿＿＿＿＿＿＿＿（簽名）

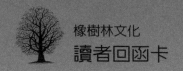